# Sprachfreunde 3

## Ausgabe Süd

AF238444

Ein Sprachbuch
für die Grundschule

Erarbeitet von

Heike Bonas

Dorothea Czarnetzki

Antje Delonge

Regina Fliegel

Peter Sonnenburg

und der Redaktion Primarstufe

**VOLK UND WISSEN**

# Sprach*freunde* 3

Ausgabe Süd

## Erarbeitet von

Heike Bonas, Dorothea Czarnetzki, Antje Delonge, Regina Fliegel, Peter Sonnenburg

## Unter Einbeziehung der Ausgabe von

Nina Bartoniček, Helen Fürniß, Ilse Noack, Peter Sonnenburg, Christine Szelenko, Eva Tosch, Ruth Wolt

## Unter Beratung von

Simone Adler (Pirna), Christiane Blume (Torgelow), Dagmar Diewald (Altenburg), Colette Hoffmann (Magdeburg), Katrin Junghänel (Zwickau), Heike Keitel (Wittenberg), Sigrun Nowak (Hohen Neuendorf), Gerhild Schenk (Werneuchen)

Redaktion: Jutta Wild, Margit Engler, Sabine Kierzek, Gerhild Schenk
Bildredaktion (Foto): Peter Hartmann
Illustrationen: Christa Unzner, Uta Bettzieche (Hund + Detektiv), Karl-Heinz Wieland, Originalillustrationen
Umschlaggestaltung: tritopp, Berlin, Uta Bettzieche, Gerhard Medoch, Christa Unzner
Layout und technische Umsetzung: tritopp, Berlin

www.vwv.de

Die Webseiten Dritter, deren Internetadressen in diesem Lehrwerk angegeben sind, wurden vor Drucklegung sorgfältig geprüft. Der Verlag übernimmt keine Gewähr für die Aktualität und den Inhalt dieser Seiten oder solcher, die mit ihnen verlinkt sind.

Soweit in diesem Lehrwerk Personen fotografisch abgebildet sind und ihnen von der Redaktion fiktive Namen, Berufe, Dialoge und Ähnliches zugeordnet oder diese Personen in bestimmte Kontexte gesetzt werden, dienen diese Zuordnungen und Darstellungen ausschließlich der Veranschaulichung und dem besseren Verständnis des Inhalts.

1. Auflage, 7. Druck 2020

Alle Drucke dieser Auflage sind inhaltlich unverändert
und können im Unterricht nebeneinander verwendet werden.

Druck: Mohn Media Mohndruck, Gütersloh

ISBN 978-3-06-080966-0

**PEFC zertifiziert**
Dieses Produkt stammt aus nachhaltig
bewirtschafteten Wäldern und kontrollierten
Quellen.
www.pefc.de

**PEFC**
PEFC/04-31-1033

# Inhalt

Strategieseite
Blaue Seite
Freundeseite

# In der Schule

Die Schule macht die Türen auf,
das Schuljahr läuft den ersten Lauf,
beginnt mit neuem Stundenplan.
Den gilt es zu erfüllen – ran!

Werner Lindemann

Die Kinder haben etwas aus ihren Ferien mitgebracht.
Was könnte es sein?
Bringe auch etwas mit und erzähle dazu!

# Fragen und Wünsche zum neuen Schuljahr

Benni

Emma

Tamara

Maria

Alexander

Tim

> Muss ich wirklich neben Benni sitzen?

> Können wir die Lese-Ecke gemütlicher machen?

> Könnt ihr nicht mal leiser sein?

> Machen wir eine schöne Klassenfahrt?

> Haben wir wieder eine Projektwoche?

**1** Sprecht über die Fragen und die Wünsche der Kinder!

**2** Was wünscht ihr euch zum neuen Schuljahr? Welche Fragen habt ihr?

**3** Was ist dir für das neue Schuljahr wichtig? Schreibe es auf!

*Die Kinder sprechen über Tims Problem.*

Femi

Murat

**Im Unterricht quatschen alle durcheinander.**

**Man wird wohl noch ein bisschen toben dürfen.**

**Tim hat Recht.**

**Mir ist es zu laut in der Klasse.**

**Nicht alle auf einmal!**

Tamara

**Das finde ich nicht.**

**Ich hab's, wir brauchen Regeln.**

Tim

**Ja, aber welche?**

Paul

Frau Bach

**Soll ich mal dazwischenbellen?**

Maria

Dominik

**4** 🌐 Lest das Gespräch aufmerksam und spielt es!

**5** Was haltet ihr von diesen Gesprächsregeln?

> Wer am lautesten spricht, hat Recht.

> Ich lasse die anderen ausreden.      Ich spreche laut und deutlich.

> Ich schnippe mit den Fingern.      Ich lache niemanden aus.

> Ich höre gut zu, wenn andere sprechen.

**6** 🌐 Welche Regeln sollen in eurer Klasse gelten?
✏️ Stellt sie zusammen und schreibt sie auf!

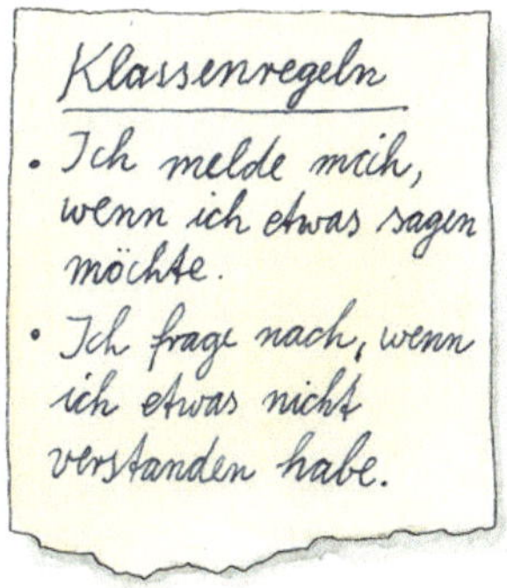

⭐ 🌐 Welche Probleme habt ihr in der Klasse?
Sprecht darüber und nehmt das Gespräch auf!
Habt ihr eure Gesprächsregeln eingehalten?

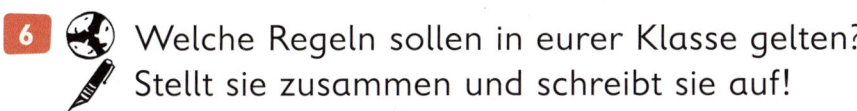

*Klassenregeln*
- *Ich melde mich, wenn ich etwas sagen möchte.*
- *Ich frage nach, wenn ich etwas nicht verstanden habe.*

# Neues über Substantive

**1** 🖊 Was ist für dich nach den Ferien
in der Schule neu? Die Namenwörter
(Substantive) am Rand helfen dir.
Schreibe so: *die neuen Bücher, das neue …*

---

**Erinnere dich:**

**Namen** für Menschen, Tiere, Pflanzen oder
Dinge sind **Namenwörter (Substantive)**.
Man schreibt sie am Wortanfang **groß**.
Sie können einen **Begleiter (Artikel)** haben.
*die Lehrerin, der Vogel, das dicke Buch,
eine schöne Blume, ein Tisch*

---

| | |
|---|---|
| die | Bücher |
| das | Fach |
| die | Fächer |
| ein | Freund |
| eine | Freundin |
| die | Lehrer |
| die | Lehrerinnen |
| ein | Mitschüler |
| eine | Mitschülerin |
| der | Klassenraum |
| der | Schulweg |

**2** Die blauen Wörter im Text sind Substantive.
Begründe, warum!

Die Kinder sprechen über die Wünsche, die Fragen
und die Probleme, die sie in der Klasse haben.
Dann haben sie eine Idee:
Sie schreiben sich die wichtigsten Regeln auf.

Unser Wunsch
ist ewige
Freundschaft!

**3** 🖊 Schreibe die Substantive aus Aufgabe 2
in der Einzahl und in der Mehrzahl auf!
*der Wunsch – die Wünsche, …*

**4** 🖊 Überlege, welche Wörter du großschreiben musst!
Schreibe die Sätze richtig auf!

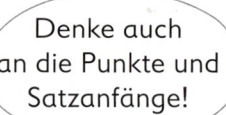

Denke auch
an die Punkte und
Satzanfänge!

hanna ist neu in der klasse zuerst hört sie nur zu
dann stellt sie auch eine frage sie ist aufgeregt
und spricht ganz leise frau bach nimmt ihr die angst

---

Wörter wie der *Wunsch*, die *Sorge*, eine *Frage*, eine *Bitte*,
sind auch **Substantive**. Sie können einen **Artikel** haben.

---

**5** Schreibe auf, welche Bücher du siehst!

*ein Katzenbuch, ...*

…buch, …**buch**, …**buch**! Alles sind **Bücher**.

Deshalb heißt dieser Teil **Grundwort**.

**6** Welche Tasche ist gemeint?
Schreibe zusammengesetzte Substantive auf!

*die Handytasche, ...*

Das erste Wort **bestimmt**, was für eine Tasche es ist. Deshalb heißt es **Bestimmungswort**.

 **Tasche**

**7** Benenne die Dinge richtig und schreibe die Sätze auf!

*Ein <u>Heft</u>, in das du <u>schreiben</u> kannst, ist ein Schreibheft.*
*Ein <u>Buch</u>, in dem du <u>lesen</u> kannst, ist ein ...*
*<u>Stifte</u>, die <u>bunt</u> sind, heißen ...*

★ Erfinde weitere Sätze wie in Aufgabe 7!

**Zusammengesetzte Substantive** setzen sich aus einem **Bestimmungswort** und einem **Grundwort** zusammen.

*der Ritter*              *das Buch*

*das Ritterbuch*

Der **Artikel** richtet sich immer nach dem **Grundwort**.
**Grundwörter** sind immer Substantive.
**Bestimmungswörter** können sein:
Substantive: *der Hund – das Hundebuch.*
Tätigkeitswörter (Verben): *schreiben – das Schreibpapier.*
Eigenschaftswörter (Adjektive): *bunt – der Buntstift.*

# Das Abc

A B C D E G I J K L N O P Q S U N X Z

**1** 🌐 Bastelt selbst so ein Abc-Leporello!
Tragt die Mitlaute blau, die Selbstlaute rot ein!

Einfach
ankleben!

**2** 🌐 Spielt mit dem Abc-Leporello! Zum Beispiel so:

- Einer klappt einen Teil des Abc-Leporellos auf.
  Der andere sagt das Alphabet zu Ende auf.

- Einer nennt einen Selbstlaut.
  Der andere sagt die Mitlaute
  bis zum nächsten Selbstlaut.

- Einer nennt ein Wort. Der andere zeigt ganz schnell
  den Anfangsbuchstaben auf dem Leporello.

- Einer sagt einen Buchstaben.
  Der andere nennt den Vorgänger und den Nachfolger.

**3** 🌐 Denkt euch andere Alphabet-Spiele aus,
zum Beispiel zu Buchstaben-Nachbarn,
zu Selbstlauten, …!

**4** 🌐 Probiert auch dieses Spiel aus:

… O, P, Qu, R …

Halt!

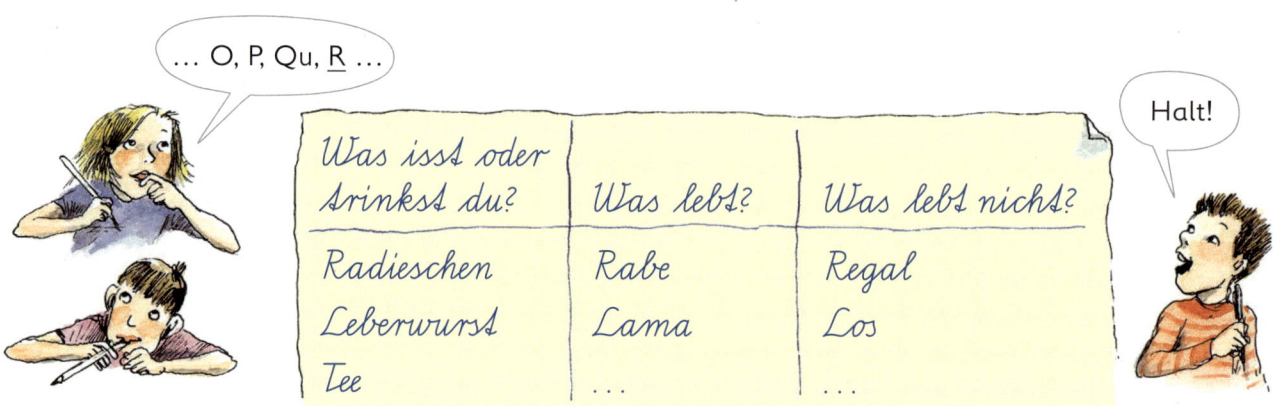

| Was isst oder trinkst du? | Was lebt? | Was lebt nicht? |
|---|---|---|
| Radieschen | Rabe | Regal |
| Leberwurst | Lama | Los |
| Tee | … | … |

**AH** S.4

**5** Nenne drei aufeinanderfolgende Buchstaben und reime!
Der Nächste nennt die folgenden drei. Sprecht so weiter!

**6** Schreibe das Abc so auf:

| A | B | C | D | ... | Z |
|---|---|---|---|-----|---|
| 1 | 2 | 3 | 4 | ... | 26 |

**7** Entschlüssele die Geheimbotschaft!
Wie heißt der Satz?

| 20 | 15 | 12 | 12 | , | 4 | 21 | | 11 | 1 | 14 | 14 | 19 | 20 | | 4 | 1 | 19 |

| 1 | 2 | 3 | | 19 | 3 | 8 | 15 | 14 | | 7 | 21 | 20 | .

**8** Schreibe eine eigene Botschaft in Geheimschrift!

**9** Welche Buchstaben-Nachbarn findest du in diesen Wörtern?
*Aufgang, Opa, der, demnach, hinten, sparsam, aber, klein, turnen*
Schreibe sie auf und unterstreiche die Nachbarn!
*Aufgang, ...*

**10** Wählt aus eurem Abc-Leporello
einen Anfangsbuchstaben:     N
Nennt damit ein Substantiv
in der Mehrzahl:     Nashörner
Nennt ein dazu passendes
Tätigkeitswort (Verb):     Nashörner niesen.
Sucht ein dazu passendes
Eigenschaftswort (Adjektiv):     Nasse Nashörner niesen.

★ Wer erfindet den längsten Satz zu deinem Lieblingsbuchstaben?

## Mit dem Wörterbuch arbeiten

**1** Erkläre an einem Beispiel, warum man das Alphabet gut kennen muss.

**TIPP** **So findet man Stichwörter schnell:**
- Überlege, wo der Anfangsbuchstabe im Alphabet steht: Mehr zum Anfang hin, in der Mitte oder mehr am Ende?
- Schlage auf, wo du ihn vermutest!
- Wenn das Wort nicht auf dieser Seite ist, überlege, ob du dann vorwärts oder rückwärts blättern musst!

**2** Sucht im Wörterbuch! Wie heißt:
- das erste Stichwort bei **T/t** und **B/b**?
- das erste Lebewesen mit **K**?
- das erste Substantiv mit **W**?
- das erste Tätigkeitswort (Verb) mit **m**?
- das erste Eigenschaftswort (Adjektiv) mit **k**?

⭐ ✏ Erfinde eigene Suchaufträge zu anderen Buchstaben!

**3** Schlage nach, wie die Wörter richtig geschrieben werden! Schreibe sie getrennt auf:
*die Qual-le, ...*

alle     Cowbo     Gara  e

Karto  el          Me  er

> An den Stellen, an denen ein Wort getrennt werden kann, steht im Wörterverzeichnis ein Strich.

> Bril|le

**TIPP** Die Umlaute **ä**, **ö**, **ü** findet man bei den Selbstlauten **a**, **o**, **u**.

**4** Schlage die Wörter **öffnen**, **Ärztin** und **über** nach! Welches Wort steht davor, welches danach?

*Die Kinder sollen sich nach dem Alphabet aufstellen.*
*Leon, Lena und Lara haben sich*
*in dieser Reihenfolge aufgestellt.*
*Erkläre, warum!*

**TIPP**   **So ordnet man Wörter mit gleichem Anfangsbuchstaben:**
- Wenn die ersten Buchstaben gleich sind,
  ordnet man nach dem zweiten.
- Wenn auch die zweiten Buchstaben gleich sind,
  ordnet man nach dem dritten.

**5** 🖊 Ordne die Namen in den Gruppen nach dem Alphabet!
*Gruppe 1: Adrian, ... Gruppe 2: ...*

**6** 🖊 Jeder schreibt seinen Namen auf ein Blatt Papier.
Stellt euch nach dem Alphabet geordnet auf!

**7** 🖊 Ordne jeweils die drei Wörter auf den Karten
 nach dem Alphabet!
Kontrolliere mit dem Wörterbuch oder dem Wörterverzeichnis!
*da, dann, ...*

# b und g in der Wortmitte und am Wortende

> **Erinnere dich:**
> Manchmal klingt **b** wie **p**, **g** wie **k**.
> Hier hilft die Wortverlängerung.
> Bilde die Mehrzahl: *der Ber**g*** → *die Ber**g**e.*
> Bilde die Grundform: *du he**b**st* → *he**b**en.*

der Berg
das Flugzeug
einige
gelb
halb
heben
klug
der Korb
selber
der Weg

merke:

genug
selbst

**1**  Schreibe die Wörter zuerst
in der Mehrzahl und dann in der Einzahl auf!
Kontrolliere mit dem Wörterverzeichnis!
*die Züge – der Zug , …*

**2** Bilde zu jedem Tätigkeitswort (Verb) die Grundform (Nennform).
Achte darauf, wie **b** oder **g** in den Wortpaaren klingt!

du blei▮st- …   er he▮t- …      sie fra▮t- …

ihr tra▮t-…    du schrei▮st- …   er ja▮t-…

Schreibe die Wortpaare so auf:
*bleiben – du bleibst, …*

**3** Was ist **gelb**, und wer ist **klug**?
*der Stift, der Freund, die Freundin, die Butterblume,
der Hund, die Sonnenblume, der Gedanke*
Schreibe so: *gelbe Stifte, kluge Freunde, …*

> Auch
> Eigenschaftswörter
> (Adjektive) kann man
> verlängern:
> **klug** – der klu**g**e Hund

**4** Immer die Hälfte. Ergänze richtig:
*der halbe Apfel, die … Tomate, eine … Stunde*

★ Was passt: **Weg**, **weg** oder **wegrennen**?
*Der Dieb rannte den … entlang und war plötzlich …*

**5** *Suche die Wörter* **selbst** *und* **genug**
**Abc** *im Wörterverzeichnis!*
*Schreibe ab, was bei den* **Stichwörtern** *steht!*

**6** Was kannst du schon **selbst** tun, was noch nicht?
*die Schultasche packen, am Computer arbeiten,*
*das Frühstück machen, Auto fahren, mit der Wörterkiste arbeiten, …*
Schreibe so:
*Ich kann schon selbst meine Schultasche packen, …*
*Ich kann noch nicht selbst …*

**7** Finde zusammengesetzte
Substantive mit **Korb**!
Unterstreiche immer
das Grundwort!
*der Korbball, der Obstkorb, …*

**8** Ergänze die Wörter und schreibe die Sätze ab!
*Eine Maschine, die fliegen kann, ist ein …zeug.*
*Bleistift und Füller sind …zeug.*
*Puppe und Ball sind …zeug.*
*Ein Auto ist ein …zeug.*

| flieg | en |
| schreib | en |
| spiel | en |
| fahr | en |

⭐ Was für Flugzeuge gibt es?
Bilde zusammengesetzte Substantive!
*segeln, die Linie, der Verkehr, die Düse, das Wasser, der Sport*
*das Segelflugzeug, …*

**9** Überlegt, wie ihr den Text üben könnt!

---

**Zum Üben**   Der Schulweg
Leon und Jan haben/einen gemeinsamen Schulweg.
Am Berg/sehen sie auch Nora. Sie hat/ihre gelbe
Jacke an. Vor der Schule/warten einige Freunde.
Sie gehen auf den Schulhof/und spielen Korbball.

## Geheimnisse

 Willi und Luzie haben Geheimnisse.
Entschlüssle die Geheimbotschaft!

*Wer eine geheime Nachricht entschlüsseln soll,*
*bekommt den Schlüssel-Code. Bewahrt ihn sicher auf,*
*damit die Nachricht auch wirklich geheim bleibt.*

| | |
|---|---|
| 2 für A | A̶ = A |
| 3 für B | B̶ = B |
| 4 für C | C̶ = C |
| 5 für D | D̶ = D |
| 6 für ... | E̶ = E |

Meine Freundin heißt
EIZUL GITSUL.

 Denke dir auch einen Schlüssel-Code
aus und schreibe eine Geheimbotschaft
an einen Freund oder eine Freundin!

# Im Herbst

Es kommt eine Zeit,
da hat die Sonne
alle Arbeit getan.
Die Äpfel sind rot.
Die Birnen sind gelb.

Elisabeth Borchers

Was passt im Bild besonders gut zum Herbst?
Findet die Antworten mit dem Spiel
„Ich sehe was, was du nicht siehst"!

# Der Wind ist aus Luft

Er *fährt* durch die Eichen.
Er *heult* über den Teichen.

Er *geigt* auf den Drähten.
Er *bläst* Rauch aus den Städten.

Er *jault* auf Turmstiegen.
Er *bringt* Dächer zum Fliegen.

Nachts *faucht* er durch die Ritzen.
Er *kühlt* uns, wenn wir schwitzen.

Er *schleppt* Wolken in Wüsten.
Schiffe *wirft* er an Küsten.

Er *weht* über die Heide
und *bestäubt* das Getreide.

Er *säuselt* in Herbstzweigen.
Er *hilft* Drachen beim Steigen.

Rainer Kirsch

**1**  Lies, was der Wind alles tut!
Schreibe es so auf:
*er fährt – fahren, …*

> **Erinnere dich:**
> **Tätigkeitswörter (Verben)** sagen, was jemand tut.
> *Der Wind heult. Der Hund* (heult).

⭐  Was kann der Wind noch?

Verben sagen auch, was geschieht: Es stürmt, es regnet.

**2**  Lies den Satz, bis du ihn verstanden hast!
Schreibe ihn dann richtig auf!
*wenn im herbst fliegen fliegen,*
*fliegen fliegen nicht mehr lange.*

**3** 🖊 Sprich die Sätze in den Sprechblasen so, dass du
erkennst, welche Satzzeichen du setzen musst!
Schreibe die Sätze auf!

*Rennen wir gemeinsam los? ...*

Ich renne, so schnell ich kann ▪

Halte die Schnur ganz fest ▪

Willi rennt nicht schnell genug ▪

Warte doch auf mich ▪

Rennst du mit mir ▪

Rennen wir gemeinsam los ▪

**4** 🖊 Suche in den Sprechblasen alle Formen von **rennen**!
Schreibe sie auf und unterstreiche den Wortstamm!

*rennen: du rennst, ...*

> **Erinnere dich:**
> **Verben** verändern sich im Satz.
> Grundform (Nennform): *rennen*;
> gebeugte Form (Personalform): ich *renne*, du *rennst*.

**5** 🖊 Lege eine Tabelle an und ordne alle Formen von **fliegen** ein!
Unterstreiche den Wortstamm, markiere die Endung!

|  | Einzahl | Mehrzahl |
|---|---|---|
| 1. Person | ich fliege | wir ... |
| 2. Person | du ... | ihr fliegt |
| 3. Person | er, sie, es ... | sie ... |

⭐  Verwende eines der Herbstwörter
in allen Personalformen im Satz!
*basteln, fallen, schütteln, sammeln, ernten, pflücken*
*Ich bastle ein Kastanienmännchen. Du ...*

# Herbstgeschichten

*Klara hat den Anfang für eine Drachengeschichte aufgeschrieben:*

> Laura wollte ihren Drachen steigen lassen.
> Ihre Mutter und ihr Vater hatten keine Zeit.
> Laura machte sich auf den Weg zur
> Drachenwiese. Da, wo sie den Drachen steigen
> ließ, standen viele Bäume.
> Plötzlich schrie Laura: „Hilfe, mein Drachen
> hängt im Baum!"

*So hat Paula die Geschichte weitergeschrieben:*

> Laura weinte: „Wie soll ich meinen schönen bunten Drachen
> bloß runterholen?
> Auf den Baum zu klettern hat keinen Sinn, denn der
> Stamm ist zu glatt." Laura lief nach Hause. Aus der Garage
> holte sie eine Leiter und lief zurück zum Baum. Sie stellte
> die Leiter an den Baum und holte ihren Drachen runter.
> Für den Rest des Tages hatte sie genug vom Drachensteigen.

*So hat Johannes die Geschichte weitergeschrieben:*

> Sie war verzweifelt. Sie versuchte auf den Baum zu klettern,
> doch sie rutschte immer ab. Sie rannte nach Hause und sagte,
> was passiert war. Ihre Mama und ihr Papa hatten gerade
> Zeit. Sie rannten Laura hinterher und wollten helfen.
> Der Papa machte eine Räuberleiter und so holten sie
> den Drachen aus dem Baum. Er war ein bisschen eingerissen.
> Laura war glücklich, ihren Drachen wiederzuhaben.

**1** Lest die Geschichten vor und gebt ihnen eine Überschrift!

**2** Vergleicht die beiden Geschichten! Welche gefällt euch besser? Begründet eure Meinung!

⭐ ✏️ Wie würde deine Drachengeschichte enden? Schreibe sie auf!

# Sag es treffend

**TIPP**   **So wird deine Geschichte anschaulich:**
- Verwende treffende Verben!
- Schreibe auch, wie die Dinge sind!

> **Erinnere dich:**
> **Eigenschaftswörter (Adjektive)** sagen, **wie** etwas ist.
> *der **bunte** Drachen – Der Drachen ist **bunt**.*

**1** Welche Verben passen zum Regen? Welche zum Wind?
*nieseln, stürmen, wehen, plätschern, pfeifen, gießen, tröpfeln*
*Regen: …     Wind: …*

★ Was kann der Drachen alles? Finde treffende Verben!

**2** Prüft, welche Adjektive den Text anschaulich machen!

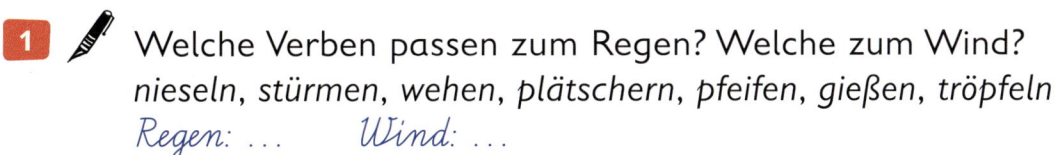

Der Herbst ist eine 🎯 Jahreszeit. Der Wind fegt über
die 🎯 Felder. Das 🎯 Laub fällt von den Bäumen.
Die Tiere suchen einen 🎯 Winterplatz. Wir Menschen
müssen uns 🎯 anziehen. So schützen wir uns
vor dem 🎯 Wetter.

kühl
kalt
heftig
kahl
sicher
warm
bunt
stark
leer
schlecht
schön

**3** Schreibe den Text mit treffenden Adjektiven auf!

**4** Sammelt Herbstwörter und schreibt
eine Herbstgeschichte mit treffenden Wörtern!

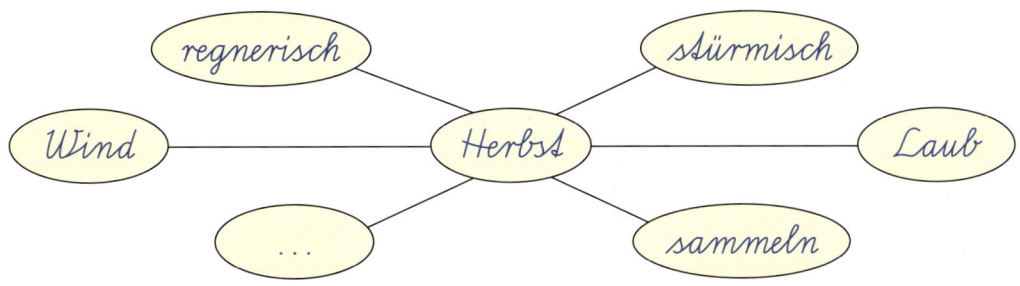

# Ein Apfelfest feiern

**1** 🖊 Sammelt auf Kärtchen Ideen für ein Apfelfest!
Wie könnt ihr sie ordnen? Beratet!

**2** Legt fest, was ihr machen wollt
und wer dafür verantwortlich ist!

| | |
|---|---|
| die | Kelle |
| ein | Apfel |
| | rennen |
| die | Bank |
| das | Hindernis |
| | springen |
| | laufen |
| | schnell |
| | zurück |
| | übergeben |

**3** 🖊 Schreibe für das Apfel-Wettspiel eine Spielanleitung!
*Das Spiel heißt ... Zwei Mannschaften stellen
sich nebeneinander auf. Die ersten Spieler ...*

**4** Bildet zusammengesetzte Substantive!

Winter     Herbst

fallen     Schale

Ernte     Blüte

braten

Mus     Saft

Kuchen

**5** Ordne die zusammengesetzten Substantive
aus Aufgabe 4 so:

| Grundwort | Bestimmungswort |
|---|---|
| -apfel | Apfel- |
| der Fallapfel | Apfelbaum |
| ... | ... |

Und Pferdeäpfel?

Erdäpfel
sind auch
Herbstfrüchte.

**6** Schreibe die Sätze ab und setze die Satzzeichen!

Nach dem Apfelfest wird aufgeräumt:
Nimm du doch bitte den Korb ▮
Ist er dir zu schwer ▮
Ich kann ihn kaum heben ▮
Wo sind die anderen ▮
Wir schaffen es auch allein ▮
Komm, wir tragen ihn gemeinsam ▮

**7** Schreibe die Tabelle ab und ergänze sie!

| Grundwort | 2. Person | Aufforderung |
|---|---|---|
| helfen | du hilfst | hilf |
| ... | du nimmst | ... |
| geben | ... | ... |
| essen | ... | ... |

**TIPP** Bei Verben mit **e** im Wortstamm verrät dir
die 2. Person Einzahl, wie die Aufforderung heißt:
helfen → du hilfst – also: Hilf!    Hilf mir bitte!

# Wörter üben mit der Wörterkiste

*In der 2. Klasse haben die Kinder so mit der Wörterkiste gearbeitet:*

- Karte nehmen und lesen

- Karte umdrehen und das Wort schreiben

- Kontrolle:
  richtig geschrieben?
  → Karte in das 2. Fach
  falsch geschrieben?
  → Karte bleibt im 1. Fach

**1** Erkläre genau, wie **du** mit deiner Wörterkiste arbeitest!

*Jetzt weißt du schon viel mehr über Wörter.
Markiere neue Wörter nun nach Wortarten:
die Substantive blau,
die Verben rot,
die Adjektive grün,
alle anderen Wörter werden nicht farbig markiert.*

Wortkarten mit verschiedenen Farben

Wortkarten mit farbigen Ecken

**TIPP** Markiere Stellen, die für dich schwierig sind!
Notiere dir auf der Rückseite der Karte verwandte Wörter!

*So kannst du noch mit den Wörtern in deiner Wörterkiste üben*

1 Schreibe die Substantive nach Artikeln geordnet auf!

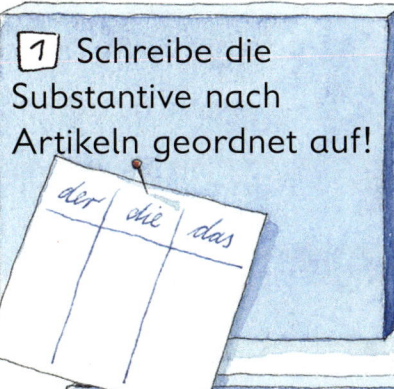

2 Schreibe die Adjektive nach dem Alphabet geordnet auf!

3 Wähle ein Verb aus! Schreibe die Formen zu **ich**, **du**, **er** und **wir** auf! Unterstreiche immer den Wortstamm!

gehen
ich gehe
du gehst
er geht
wir gehen

4 Diktiert euch gegenseitig Verben aus eurer Wörterkiste!

5 Einer nimmt ein Substantiv. Die anderen suchen passende Adjektive. Alle schreiben Wortgruppen auf.

6 Schreibe den Namen eines Freundes oder einer Freundin untereinander auf! Finde zu jedem Buchstaben ein Wort aus der Wörterkiste!

Feld
alle
bellen
ich
ab
nass

nasses Wasser
kaltes Wasser
blaues Wasser

7 Erzähle mit einigen Wörtern eine Mini-Geschichte und schreibe sie auf!

8 Schreibe einen Text, in dem möglichst viele Wörter aus deiner Wörterkiste vorkommen! Unterstreiche sie!

9 Wähle ein schwieriges Wort aus deiner Wörterkiste aus! Was hilft dir, das Wort richtig zu schreiben?

10 Stellt drei Wörter vor, die ihr immer wieder falsch schreibt! Beratet gemeinsam, wie ihr sie üben könnt!

 Erfinde weitere Übungsideen!

# d in der Wortmitte und am Wortende

**1** 🖊 Welche Früchte sind gesund?
Schreibe so:
*gesunde Äpfel – Äpfel sind gesund. ...*

**2** 🖊 Welche Früchte sind rund?
Zähle auf: *runde Pflaumen, ...*

**3** 🖊 Schreibe die fünf Verben
aus der Wortleiste so auf:
*binden: ich binde, du bindest*
*finden: ich ..., du ...*

**4** 🖊 Schreibe die sechs Substantive aus der Wortleiste
**Abc** in der Einzahl und der Mehrzahl auf!
*das Band – die Bänder, ...*

**5** 🖊 Schreibe die Sätze ab
und setze die Satzzeichen!

Hilfst du mir ■
Binde dir eine Schürze um ■
Wo ist der Kürbis ■
Da leuchtet er rund und prall ■
Wir schneiden ihn ab ■
Trage ihn schnell ins Haus ■

**6** 🖊 Schreibe die Reimwörter mit **d** auf
und suche dazu verwandte Wörter!

Ein Blatt kann man wenden, | Sich verkleiden,
den Brief muss man ... | Kürbis ...

⭐ 🖊 Erfinde eigene Reime
mit Wörtern aus der Wortleiste!

*das Band*
*das Bild*
*binden*
*das Feld*
*finden*
*der Freund*
*gesund*
*das Rad*
*rund*
*schneiden*
*senden*
*die Wand*
*wandern*

**d** oder **t** am Ende? Wörter verlängern!

Obst ist ge...

Die Erde ist r...

**7** 🖊 Ergänze verwandte Wörter!
Unterstreiche den Wortstamm!
*finden, du findest, er ..., der F...,*
*der Fund, das ...büro, der ...ort, ge...*

**8** 🖊 Schreibe die Reimwörter auf!

| die Hand | das Kind | das Bild |
|---|---|---|
| das B... | das R... | das Sch... |
| die W... | der W... | das W... |

**9** 🖊 Schreibe zusammengesetzte Substantive mit Rad!
*das Hochrad, ...*

Wind            fahren                Riese

Weg    drei      RAD        hoch

⭐ Erkläre eines deiner zusammengesetzten Wörter aus Aufgabe 9!

**10** 🖊 Ordne die Substantive jeder Zeile nach dem Alphabet!
*der Freund, das Rad, das Bild, die Wand*
*das Bild, das Band, der Boden, der Bund*
*die Wade, der Wagen, der Wald, die Wand*

**TIPP** Das + ist ein neues Zeichen für einen Fehler im Text.
Berichtige ihn so:
Lies den Satz und überlege, was falsch ist!
Schreibe den Satz noch einmal richtig:
*Markus schneidet in einen Kürbis runde Löcher.*

> Was ist
> hier falsch?

**Zum Üben**   Für ein Herbstfest
Max und Emma schneiden Obst/für einen Salat.
Leon und Maria/kleben aus bunten Blättern ein Bilt. I
Klara hat auf einem Felt/Maiskolben gefunden. I
Sie bindet sie/an eine lange Schnur.
Markus schneidet in ein Kürbis/runde Löcher. +

# Kleine Apfelgeschenke

*Julia hat ein Apfel-Elfchen
zum Apfelfest geschrieben.*

*Apfel,
du süßer!
Du schmeckst mir.
Ich esse dich täglich.
Made?*

 Sammle Apfel-Wörter!
Dichte dann auch Apfel-Elfchen!
Denke an die elf Wörter!

 Bastle ein Apfelmännchen! Geht es so?

> Dann bekommt das Apfelmännchen noch
> ein Gesicht mit einem Bart aus Watte.

> Zum Schluss setze ich ihm
> ein spitzes Hütchen auf.

Wenn du
die Sätze richtig ordnest,
dann klappt es.

> Nun steche ich den Holzspieß
> in den großen Apfel und setze
> den kleinen Apfel als Kopf darauf.

> Zuerst lege ich mir einen großen und einen
> kleinen Apfel, einen Holzspieß, zwei Gewürznelken,
> Buntpapier und etwas Watte zurecht.

 Probiere das Apfelrezept aus!

**Apfelmüsli**
- 1 oder 2 Esslöffel Haferflocken,
  1 Esslöffel Jogurt, 1 Esslöffel Honig
  mit 2 oder 3 Esslöffeln Wasser vermischen
- einen Apfel gut waschen und
  mit der Schale reiben,
  einen Esslöffel Zitronensaft dazugeben
- Apfelbrei und Haferflockenbrei mischen

# Miteinander leben

Sehnsucht kommt von
sehnen, suchen.
Sehnsucht kommt von
ganz allein.
Wer schon will die ganze Zeit
nur mit sich zusammen sein?

Walther Petri

Was erleben die Kinder im Bild miteinander?
Was machst du gerne mit anderen?

# Miteinander leben in der Familie

### Mein Bruder und ich

Früher wohnten wir in einer kleinen Wohnung.
Ich lebte mit meinem Bruder in einem Zimmer.
Damals stritten wir häufig. Meine Mutter schimpfte oft mit uns.
Vor drei Jahren zogen wir in ein großes Haus im Dorf.
Ich habe nun ein eigenes Zimmer. Ich freue mich sehr
darüber. Jetzt spiele ich auch gern mit meinem Bruder.
Manchmal hilft er mir.

**1** Suche im Text alle Verben, die verraten,
dass etwas in der Vergangenheit geschehen ist!
*früher: wir wohnten, ...*

**2** Suche im Text alle Verben, die verraten,
dass etwas in der Gegenwart geschieht!
*jetzt: ich habe, ...*

★ Welche anderen Wörter im Text zeigen dir noch,
ob etwas **jetzt** geschieht oder **früher** geschah?
Schreibe sie heraus!
*früher, ...*

**3** Ergänze die Tabelle mit den Verben aus Aufgabe 1 und 2!

| Grundform | jetzt (Gegenwart) | früher (Vergangenheit) |
|---|---|---|
| wohnen | wir wohnen | wir wohnten |
| ... | ... | ich lebte |

**Verben** können in verschiedenen **Zeitformen** stehen.
**Gegenwart (Präsens):**
*Er erzählt gerade einen Witz. Sie lacht.* | jetzt |
**Vergangenheit (Präteritum):**
*Er erzählte gestern einen Witz. Sie lachte.* | früher |

## Nichts für Papas

Lene will einen Krimi sehen. Er beginnt gleich.
Papa sagt: „Krimis sind nichts für kleine Kinder."
Er schickt Lene ins Bett. Sie kann aber nicht
einschlafen und geht leise ins Wohnzimmer.
Mama und Papa schauen den Krimi. Sie merken nichts.
Lene tippt auf Papas Schulter. „Hilfe!", schreit Papa. „Hilfe!".
Mama lacht: „Krimis sind auch nichts für Papas", sagt sie.

Frauke Nahrgang

**1**  Findet heraus, für welche Substantive die farbigen Wörter stehen!

**2** 🖊 Ersetze die farbigen Wörter durch **er**, **sie** oder **wir**!

Lisa ist meine Freundin. Lisa ist älter als ich.
Tim sitzt neben mir. Tim und ich verstehen uns gut.
Tim zeigt Anna seinen Füller. Der Füller ist neu.

Schreibe so: *Lisa ist meine Freundin. Sie ist älter als ich.*

⭐ 🖊 Erfinde ähnliche Sätze wie in Aufgabe 2!

> Ich mag Willi.
> **Er** ist mein
> Freund.

**3**  Lest den Text leise! An welcher Stelle ist es besser,
Substantive zu ersetzen? Begründet eure Meinung!

Sonntags gehen Lisa und ihr Vater in den Keller.
Dort basteln Lisa und ihr Vater an einem Modellboot.
Das Modellboot soll ein Geschenk für Lisas Bruder werden.
Lisas Bruder wird neun. Lisa kann noch nicht so gut
mit der Säge arbeiten. Deshalb bemalt Lisa viele kleine Holzteile.

---

**Substantive** kann man durch **persönliche Fürwörter
(Personalpronomen)** ersetzen:
*Lea – sie, Tim – er, das Kind – es, Tim und ich – wir.*
**Persönliche Fürwörter (Personalpronomen)** sind:
*ich, du, er/sie/es, wir, ihr, sie.*

# Befreundet sein

> 1 Meine Freundin hat sehr viele Sommersprossen. Sie trägt eine kleine runde Brille und hat eine Zahnspange. Sie ist nie sauer, wenn ich manche Sachen besser kann als sie. Sie tröstet mich oft, wenn ich traurig bin. Und sie verrät unsere Geheimnisse nicht.

> 3 Mein Freund hat braune Haare. Er ist sehr groß. Weil er schlecht sehen kann, trägt er eine Brille mit dicken Gläsern. Er ist Computerspezialist. Er zeigt uns gern, wie wir im Internet surfen können. Er kann gut erklären. Überhaupt ist er ganz toll. Manchmal schickt er mir eine E-Mail.

> 2 Meine Freundin trägt oft lustige Zöpfe. Seit kurzem hat sie auch eine Zahnspange. Meine Freundin hilft mir oft in Mathe. Wenn sie es erklärt, verstehe ich es viel besser. Danach spielen wir meistens im Garten und rennen um die Wette. Ich gewinne fast immer, doch meine Freundin findet das nicht schlimm.

A    B    C

1 🌐 Die Kinder haben ihre Freunde und Freundinnen vorgestellt. Welcher Steckbrief passt zu welchem Kind?

2 ✏️ Schreibe selbst einen Steckbrief von einem Freund oder einer Freundin in deiner Klasse! Schreibe, wie er oder sie aussieht und warum ihr befreundet seid!

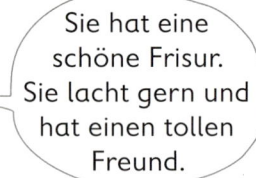

> Sie hat eine schöne Frisur. Sie lacht gern und hat einen tollen Freund.

3 🌐 Mischt alle Steckbriefe und lest sie vor! Findet heraus, wer gemeint ist!

# Freundschaftsgeschichten

**TIPP** **Eine Geschichte hat mehrere Teile:**

• Die **Überschrift** macht auf deinen Text neugierig.
Sie darf nicht zu viel verraten.

• In der **Einleitung** steht, um wen es geht,
wo und wann alles passiert.

• Im **Hauptteil** erzählst du, was alles passiert
und wie es dazu kommt.
Der Hauptteil ist oft spannend oder lustig.

• Im **Schluss** steht,
wie die Geschichte endet.

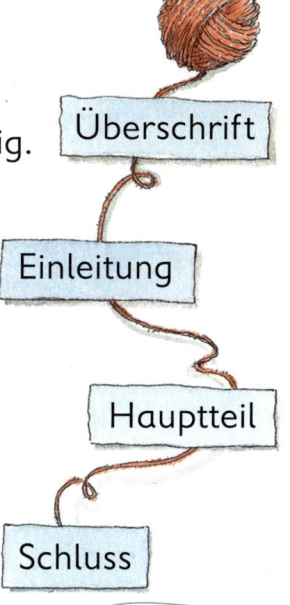

Überschrift

Einleitung

Hauptteil

Schluss

Eine Geschichte muss einen roten Faden haben!

Als ich einmal nach der Schule im Park war, kam Tim auch dorthin. Er hatte ein sehr schönes Schiff, aber ich wollte nicht mit ihm spielen. Aber Tim zog mich am Ärmel zum kleinen See. Dort setzten wir das Schiff ins Wasser. „Das Schiff schwimmt", sagte Tim und ich habe es nachgesprochen.

Ich komme aus Polen.
Als ich sechs Jahre alt war, bin ich mit meiner Familie nach Deutschland gegangen. Ich wollte nicht weg, denn ich hatte Angst. Ich konnte ja gar nicht deutsch sprechen.

Den ganzen Nachmittag haben wir zusammen gespielt. So wurden wir schnell Freunde. Jetzt treffen wir uns oft am kleinen See.

**1** Ordne die Geschichte nach Einleitung, Hauptteil und Schluss!

**2** Erfinde eine Überschrift für die Geschichte!

**3** Lies die Geschichte nun in der richtigen Reihenfolge vor!

**4** 🖊 Schreibe eine eigene Freundschaftsgeschichte!

# Geschichten überarbeiten

**TIPP**    **Darauf könnt ihr achten,
wenn ihr eure Geschichten überarbeitet:**
- Was gefällt mir an der Geschichte?
- Stimmt die Reihenfolge?
- Fehlt etwas?
- Ist etwas überflüssig?
- Werden treffende Wörter verwendet?
- Wechseln die Satzanfänge ab?
- Gibt es Wortwiederholungen?
- Ist die Überschrift passend?

**1**  Schreibt jede Frage einzeln auf eine Karte!
Jeder bekommt eine Karte und achtet darauf,
was auf seiner Zuhörerkarte steht.

*Maja stellt ihre Freundschaftsgeschichte vor:*

> Ich bin Maja. Meine Freundin heißt Nelly.
> Nellys Vater wohnt nicht mehr bei ihr.
> Wir sind noch nicht lange befreundet.
> Als ich neulich allein war, rutschte ich vom Klettergerüst.
> Plötzlich war da Nelly und half mir auf.
> Nelly brachte mich nach Hause. Dort haben wir dann
> zusammen gespielt. Jetzt sind wir Freundinnen.

Deine Geschichte hat gar keine Überschrift!

Das mit dem Vater ist überflüssig.

Deine Satzanfänge gefallen mir gut.

Wo war denn das Klettergerüst?

**2**    Überlegt, welche Zuhörerkarte die Kinder hatten!

*Maja hat sich Notizen gemacht.*
*Sie beachtet einige Tipps und überarbeitet ihre Geschichte.*

Eine tolle Freundin

Ich bin Maja. Meine Freundin heißt Nelly.

~~Nellys Vater wohnt nicht mehr bei ihr.~~

Wir sind noch nicht lange befreundet.

~~Als ich neulich allein war, rutschte ich vom Klettergerüst.~~
Neulich war ich allein auf dem Spielplatz. Ich rutschte
Plötzlich ~~war da~~ Nelly und half mir auf.
     kam

~~Nelly~~ brachte mich nach Hause.
Sie

Dort haben wir dann zusammen gespielt.

Jetzt sind wir Freundinnen.

Hoffentlich tat es ihr nicht zu sehr weh.

**3** Maja möchte ihre Geschichte veröffentlichen.
Überlegt, worauf sie dabei achten muss!

Wie trenne ich Freundinnen?

**4** Stellt eure Geschichten vor und überarbeitet sie.

# Wörter mit ch

**1**  Schreibe die fünf Substantive aus der Wortleiste
in Einzahl und Mehrzahl auf!
Kontrolliere mit dem Wörterverzeichnis!
*das Licht – die Lichter, ...*

**2** 🖊 Was machst du zu Hause manchmal,
was machst du nicht?
*Milch trinken, Löcher in Handtücher machen,
Kuchen backen, unter das Bett kriechen,
auf das Dach klettern, fernsehen, toben, ...*
*Ich trinke manchmal Milch.*
*Ich mache keine ...*

**3** 🖊 Schreibe auf, was in den Sätzen fehlt!
*Das Wort danach ist das nä... Wort.*
*Die Woche danach ist die ...*
*Die Nacht danach ist die ...*
*Die Übung danach ...*

**4** 🖊 Setze den Text in die Vergangenheit!

Es ist Nacht. Ich wache auf. Ich fürchte mich.
Mein Herz pocht. Ich mache das Licht an.

Schreibe so: *Es war Nacht. Ich wachte ...*

⭐ 🖊 Schreibe auf, welche kleinen Wörter sich
in den folgenden Wörtern versteckt haben!
*Licht, Nacht, schlecht, schwach*

*das Licht*
*das Loch*
*die Nacht*
*die Sache*
*schlecht*
*wachen*
*die Woche*

merke:

*manche*
*manchmal*
*nächste*
*nicht*
*nichts*

Was ist das?
Loch an Loch und
hält doch.

Vielleicht
meine
Strümpfe?

# Wörter mit sch

**Er, sie, es**
Er ist schon gedeckt.
Es wird in der Pfanne gebraten.
Er kann sprechen.
Sie hat oft einen Korken.
Er zappelt an der Angel.

*falsch
der Fisch
die Flasche
das Fleisch
frisch
der Mensch
der Tisch
waschen
wischen*

**1** Welche Wörter aus der Wortleiste
sind gemeint?
Finde sie und schreibe deine Sätze auf!
*Der Tisch ist schon gedeckt.*

**2** Welche Eigenschaften können diese Dinge haben?

Fleisch    frisch    Schuhe    Schrift    falsch
Schlüssel    schlecht    Laune    Fisch

Bilde Wortgruppen: *das frische Fleisch, …*

**3** Was **wischst** du **auf**? Was **wischst** du **ab**? Was **wäschst** du?
*Wäsche, Fußboden, Hände, Tisch, Füße, Plüschtiere, Fensterbrett
Ich wasche die …*

⭐ Finde möglichst viele Wörter mit dem Wortstamm **wasch**!

**4** Wähle aus dem Übungstext
ein schwieriges Wort aus!
Markiere es als dein Joker-Wort!

> Wenn du dein Joker-Wort falsch geschrieben hast, zählt es nicht als Fehler.

**Zum Üben**    Einkaufen
Manchmal gehen wir/auf den Wochenmarkt.
Heute kaufen wir Fleisch,/frischen Fisch/
und eine Flasche Milch. Zu Hause lege ich/
alle Sachen auf den Tisch. Es fehlt nichts.

## Miteinander Geschichten erzählen

  Wer den Redestab
in der Hand hält,
erzählt die Geschichte weiter.
Jerzy beginnt:
„Ich gehe zum Spielplatz und …"
Er gibt Lars den Redestab.
Lars setzt die Geschichte fort:
„… nehme meinen Fußball mit."
Dann gibt Lars den Stab weiter.

Du spielst mit Seifenblasen.

Du willst einen Hund dressieren.

Du legst Schmuck an.

Mit solchen Ideenkarten
könnt ihr ohne Worte
etwas vorspielen.
Lasst eure Freunde raten,
was ihr dargestellt habt!

Vorher müsst ihr aber
viele Karten anfertigen!

 **Drei-Wörter-Geschichten** entstehen so:
Schreibt immer drei Wörter auf einen Zettel!
Zum Beispiel:

Wolken, Flügel, verzaubern

Freundin, Geheimnis, traurig

Torte, Katze, Zauberer

Alle Zettel kommen in einen Topf.
Ein Kind zieht einen Zettel und erzählt
mit den drei Wörtern eine kleine Geschichte.

# Märchenzeit

Esel, Katze, Hahn und Hund
wurde es zu Haus zu bunt,
zogen in die Welt hinaus,
fanden dort ein Räuberhaus.
Und der Esel rief gleich munter:
„Lass mir doch dein Haar herunter!"

Rolf Krenzer

Ach wie gut, dass niemand weiß, dass ich Rumpelstilzchen heiß.

Wie hast du Märchen kennen gelernt?
Welche Märchen erkennst du hier?
Was gefällt dir an Märchen – was nicht?

39

# Der Hase und der Igel

Es war an einem Sonntagmorgen im Herbst. Der Igel stand vor seiner Tür und guckte in den Morgenwind. Auf einmal fiel ihm ein, er könne mal nach seinen Steckrüben sehen. Gesagt, getan! Er war noch gar nicht weit gegangen, als ihm der Hase begegnete. Der Igel grüßte freundlich: „Guten Morgen, Meister Lampe!"
Der Hase aber sagte nur hochmütig: „Wie kommt es denn, dass du hier so früh am morgen im Felde herumläufst?"
„Ich gehe spazieren", sagte der Igel.
„Spazieren", fragte der Hase lachend, „du kannst deine Beine doch wohl zu besseren Dingen gebrauchen."
„Du bildest dir wohl ein, dass du mit deinen Beinen mehr ausrichten kannst?"

„Das denke ich", sagte der Hase.
„Das kommt auf einen Versuch an. Wenn wir um die Wette laufen, überhole ich dich", meinte der Igel.
„Das ist ja zum Lachen, du mit deinen kurzen Beinen!", sagte der Hase.
„Was gilt die Wette?"
„Einen goldenen Taler und eine Buddel Branntwein", schlug der Igel vor.
„Angenommen, schlag ein! Dann kann's gleich losgehen."
„Nein, warte, ich will erst noch zu Hause ein bisschen frühstücken. In einer halben Stunde bin ich wieder hier", sagte der Igel.
Unterwegs dachte der Igel darüber nach, wie er den Hasen überlisten könnte …

*nach den Brüdern Grimm*

**1** Lies den Text still durch!

**2**  Lest den Text mit verteilten Rollen!
Überlegt: Welche Figuren kommen vor?
Was sprechen sie?
Denkt auch an den Erzähler!

> Ich bin der Hase. Ich lese den braunen Text.

> Ich bin der Igel. Ich lese den grünen Text zwischen den Anführungszeichen „ … "

**3** In der Bildergeschichte siehst du, wie das Märchen weitergeht.
Lies sie und finde heraus, wie der Igel den Hasen überlistet!

**4** Erzähle das Märchen nach!

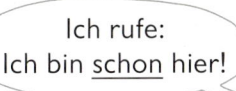

**5** Wer kennt den Schluss? Erzähle!

# Es war einmal …

Der Hase wartete schon.
Jeder stellte sich in seine Furche.
Der Hase zählte: „Eins, zwei, drei."
Aber der Igel duckte sich nur.

**1** 🖊 Ordne alle Verbformen in die Tabelle ein und ergänze sie!

| Präteritum | Präsens |
|---|---|
| er wartete | er wartet |
| er … sich | er … sich |

Nun ging es weiter. Der Igel blieb einfach in seiner Furche.
Als der Hase ins Ziel kam, stand da schon die Igelin.
Sie sah aus wie ihr Mann und rief: „ Ich bin all hier".

**2** 🖊 Schreibe die farbigen Verben so auf:

| Präteritum | Präsens | Grundform |
|---|---|---|
| es ging | es geht | gehen |
| er blieb | … | … |

**3** 🖊 Abc Setze **schreien, rennen, laufen, fallen**
in der Präteritumform ein!

Der Hase …: „Noch einmal gelaufen!" Er … wieder los.
Er … immer hin und her. Am Ende … er tot um.

⭐ 🖊 Abc Finde weitere Verben, bei denen sich
der Wortstamm im Präteritum ändert!

> **Schrie?**
> Wo finde ich das denn im
> Wörterverzeichnis?

> Bei der
> Grundform
> **schreien.**

Manche **Verben** haben im Präteritum
einen anderen Wortstamm als im Präsens.
*ich* **lief** *– ich* **lauf**e
*ich* **fiel** *– ich* **fall**e

Präsens/Präteritum: starke/unregelmäßig konjugierte Verben;
konjugierte Verben nachschlagen
**AH** S.22

# Spielvorbereitungen

*Die Kinder der Klasse 3 a wollen das Märchen
„Der Hase und der Igel" aufführen.
Sie besprechen, worauf sie achten müssen:*

Eine Kulisse ist
eine Ausgestaltung
der Bühne.

Brauchen wir
Requisiten und
Kulissen?

Wie viele Szenen
hat unser Stück?

Was soll das
denn sein?

Wer übernimmt
welche Rolle und
wie viele Spieler
brauchen wir?

Wie können
wir uns Kostüme
herstellen?

Du meinst wohl
die kleinen
Abschnitte.

Es müssten
auch Igelkinder
oder Baumkinder
mitspielen.

Brauchen wir
einen Erzähler?

Und was sollen
sie sagen?

Wen laden wir ein?
Sollen wir ein Plakat
malen?

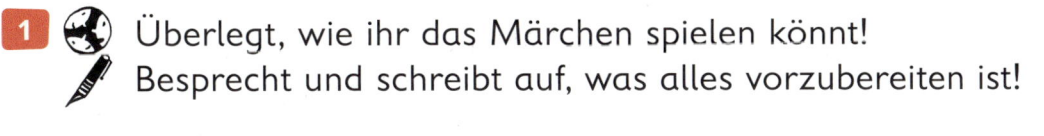

**1** Überlegt, wie ihr das Märchen spielen könnt!
Besprecht und schreibt auf, was alles vorzubereiten ist!

**2** Übt, wie Hase, Igel und
die anderen Personen sprechen!
Spielt zuerst eure Lieblingsszene!

Der Hase ist
ein richtiger
Angeber.

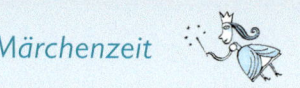

# Wörter mit ng und nk

anfangen
die Bank
bringen
denken
dunkel
eng
hängen
der Hunger
jung
krank
lang
die Menge
der Punkt
der Schrank
trinken

### Vor der Aufführung

Von Wand zu Wand ist ein langes Seil gespannt.
An ihm ist der Vorhang befestigt. Dahinter
bringen die Kinder alles auf die Bühne.
Links steht eine Bank. Rechts ist der Schrank.
Es gibt noch eine Menge zu tun.

**1** 🖊 Schreibe aus dem Text alle Wörter
mit **ng** und **nk** heraus!
Markiere sie unterschiedlich!

**2** 🖊 Bilde zusammengesetzte Substantive mit **Bank** und **Schrank**!
Schreibe sie in Einzahl und Mehrzahl auf!
*Sand..., Schuh..., Fuß..., Bücher..., Sitz..., Kleider...*

**3** 🖊 Welche Wörter der Wortleiste lassen sich trennen?
Kontrolliere mit dem Wörterbuch!
Schreibe so: *an-fan-gen, ...*

**4** 🖊 Welche Wortbausteine passen
mit Verben der Wortleiste zusammen?
Schreibe möglichst viele Wortgruppen auf!
*den Ball auffangen, ein Geschenk mitbringen, ...*

**5** 🖊 Schreibe drei Sätze zu deinen Beispielen!
Was passiert manchmal mit
zusammengesetzten Verben?

Ich fange
den Ball auf.

**6** Finde verwandte Wörter zu diesen Verben:
*denken, hungern, singen,*
*trinken, anfangen, hängen*
Schreibe so: *denken, der Gedanke, das Andenken, ...*

**7** Ergänze die Verbformen im Präteritum!
**Abc** Kontrolliere mit dem Wörterbuch oder dem Wörterverzeichnis!

*hängen – er hing*  |  *trinken – sie ...*
*denken – ich ...*  |  *bringen – wir ...*

**8** Setze die passenden Formen von
**senken**, **sinken**, **singen** ein!

Der Vorhang geht herunter. Er ◯ sich.

Das Schiff geht unter. Es ◯.

Luzie ist fröhlich. Sie ◯.

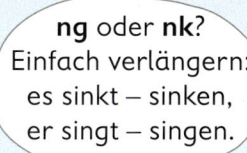

**ng** oder **nk**?
Einfach verlängern:
es sinkt – sinken,
er singt – singen.

**9** Was kann **dunkel**, **eng**, **lang**, **jung** oder **krank** sein?
Ergänze und schreibe ab!
*Die Nacht ist dunkel. Es ist eine dunkle Nacht.*
*Die Hose ist ... Es ist eine ... Hose.*
*Der Schal ist ... Es ist ein ...*
*... ist jung. ... ist ...*
*... ist krank. ... ist ...*

★ Suche dir drei Wörter aus der Wortleiste aus. Schreibe eine
kleine Geschichte, in der alle drei Wörter vorkommen!

---

**Zum Üben**

Das Spiel fängt an
Auf allen Bänken/sitzen die Gäste und warten.
Es dauert nicht mehr lange,/dann wird es dunkel.
Der Vorhang geht auf. Auf der Bühne singen Kinder.
Es klingt sehr schön. Im Stück spielen ein Junge/
und ein Mädchen mit. Er trinkt Wasser aus einem
Bach/und wird ein Reh. Kennst du das Märchen?

# Ein märchenhafter Tag

  Stellt euer Wunschprogramm für einen Märchentag zusammen:

 Märchen vorlesen, erzählen

Märchen schreiben

 Märchen spielen

Märchenfilme sehen

 Märchenlieder singen

auf Instrumenten spielen

 Märchenfiguren basteln

 sich verkleiden

Märchen raten

 So kannst du Märchenfiguren aus Kartoffeln basteln:

 Marie hat ein altes Märchen umgeschrieben. Welches ist es?

Der Königssohn wurde sehr böse und rief: „Du sollt sollst zu einer Kakerlake werden!" Dann ging er in den Saal zurück und fragte die Schwester, ob sie ihn heiraten will. Sie sagte: „Ja!" Und sie feierten Hochzeit.

Die verzauberte Prinzessin jedoch erlitt das ähnliche Schicksal wie der Frosch, denn alle ekelten sich vor ihr. Zum Schluss der Feier nahm sie ein Bettelmann auf die Hand und streichelte sie. Im In dem Moment wurde sie erlöst. Vor Freude nahm sie den Bettelmann zum Manne.

ein Wunschprogramm für einen Märchentag zusammenstellen;
Märchenfiguren basteln; Schreibanlass: Märchen umschreiben

# Im Winter

Guten Abend,
schön Abend,
es weihnachtet schon …

Weihnachtsmarkt –
was könnt ihr entdecken?
Was wisst ihr über Weihnachten?

# Geschenke

Ich kaufe etwas für meine Eltern.

Ich habe nur wenig Taschengeld.

Wie kriege ich raus, worüber sich Oma und Opa freuen? Die haben doch schon alles.

Das Geschenk muss zu jedem passen.

Mein Geschenk bastle ich selbst.

Ist mir doch egal, ob die sich freuen.

**1** Wie denkst du über das Schenken? Begründe deine Meinung!

**2** 🖊 Schreibe die Wörter dieses Satzes einzeln auf Karten!

| Wir | schenken | unserem | Hund | ein | neues | Halsband | . |

**3** 👥 Wie oft könnt ihr den Satz umstellen?
🖊 Schreibt alle Möglichkeiten, die ihr gefunden habt, auf!
Denkt an die Satzzeichen und die Satzanfänge.
*Unserem Hund schenken wir ein neues Halsband.*
...

Und meins passt nur zu dir.

Mein Geschenk passt nur zu dir.

**4** 👥 Vergleicht die Sätze! Welche Wörter
🖊 bleiben immer zusammen? Rahmt sie ein!

⭐ 🖊 Stelle einen eigenen Satz wie in Aufgabe 3 um!

Ein Satz besteht aus mehreren Satzbausteinen. Die Satzbausteine, die beim Umstellen immer zusammenbleiben, heißen **Satzglieder**. **Satzglieder** können aus einem oder mehreren Wörtern bestehen.

Ich bekomme ein schönes Geschenk.

ich | zuerst | eine Pappschachtel | mit Buntpapier | beklebe

mit Sternen und Kreisen | den Deckel | anschließend | ich | verziere

in die Mitte | klebe | dann | ich | noch Perlen

zum Schluss | lege | ich | etwas Watte | in die Schachtel

**5** Lest die Bastelanleitung für die Geschenkschachtel!
Überlegt, wie die Satzglieder geordnet werden müssen!

**6** 🖊 Schreibe die Bastelanleitung in der richtigen Reihenfolge auf!
Achtung: Am Satzanfang musst du großschreiben,
denke an den Punkt am Satzende!

⭐ Bastle nach der Anleitung eine Geschenkschachtel!

**7** 🖊 Wer schenkt wem was?
Bilde mit den Satzgliedern Sätze, die zu den Bildern passen!
Markiere die Satzglieder unterschiedlich!

| Wer | schenkt | wem | was? |
|-----|---------|-----|------|
| Paul | | Paul | einen langen Schal |
| Mutti | | Mutti | ein Bild von sich |
| Vati | | Vati | eine Lupe |
| Opa | | Opa | warme Socken |

# Weihnachten feiern

*In vielen Teilen der Welt wird Weihnachten gefeiert.*
*Viele Menschen sagen: Es ist das Fest der Familie,*
*das Fest des Lichtes, das Fest des Friedens und der Liebe.*

**1** So viele unterschiedliche Bezeichnungen für ein Fest.
Erkläre, was sie uns über Weihnachten sagen!

*Maria aus Italien erzählt: „Zu Weihnachten*
*stellen wir unsere Krippe auf. Erst am 6. Januar*
*bringt die Weihnachtsfee Befana die Geschenke."*

*Bill erzählt: „In England*
*hängen wir Strümpfe an*
*den Kamin. Am Morgen*
*des 25. Dezember stecken*
*in den Strümpfen Geschenke.*
*Santa Claus war da."*

|  |  |
|---|---|
|  | Heiliger Abend |
|  | Weihnachten |
| die | Krippe |
| das | Geschenk |
| die | Überraschung |
| der | Stern |
|  | glänzen |
|  | anzünden |
|  | leuchten |
|  | danken |

**2** Erzähle, wie bei dir zu Hause Weihnachten
gefeiert wird! Welche Vorbereitungen werden getroffen?
Wie feiert ihr den Weihnachtsabend?

*In der Weihnachtszeit hat sich die Klasse 3a etwas Besonderes*
*einfallen lassen. Jedes Kind hat durch ein Los einen Partner gezogen.*
*Jeder schreibt seinem Partner eine Lobkarte.*

Lieber Tim,
du hilfst mir oft bei
den Hausaufgaben.
Das finde ich ganz toll.
Danke!
Dein Paul

Lieber Paul,
du hast mir schon oft
einen guten Rat gegeben,
wenn ich mich mit meinem
Bruder gestritten habe.
Danke!
Anja

**3** ✏ Schreibt euch auch Lobkarten!

# Unser Weihnachten

*Tim beschreibt, wie er mit seiner Familie Weihnachten feiert.*

Wir schmücken am 24. Dezember den Tannenbaum .

Wir essen am Nachmittag gemeinsam Plätzchen .

Wir gehen danach in die Kirche .

Wir singen dort Weihnachtslieder .

Wir bekommen abends unsere Geschenke .

**1** Lest den Text! Was fällt euch auf?

**2** 🖊 Stelle die Satzglieder so um,
dass nur noch zwei Sätze mit **wir** beginnen!

**3** 🌐 Vergleicht eure Lösungen!

*Lisa hat ihr schönstes Weihnachtserlebnis aufgeschrieben.*

Mein schönstes Weihnachtsfest
Es war zu Weihnachten vor zwei Jahren. Ich hatte
mir eine Babypuppe gewünscht und sie auch schon
in Muttis Kleiderschrank entdeckt.
Am Weihnachtsabend packte ich das größte Paket
zuerst aus, weil ich endlich meine Puppe haben wollte.
Aber es war keine Puppe in dem Paket, sondern nur
ein Murmelmikado. Ich war ganz traurig. Da tröstete
mich Mutti und sagte: „Guck doch mal in das andere
Paket!" Ich packte es aus. Und da lag meine Puppe drin.
Ich drückte Mutti ganz fest und wir feierten noch lange.

Auweia,
die hat ja rum-
geschnüffelt.

**4** Sagt, was euch an Lisas Geschichte gefällt!

**5** 🖊 Schreibe dein schönstes Weihnachtserlebnis auf!

# Silvesterbräuche – Neujahrsbräuche

**1** Welche Bräuche zum
Jahreswechsel kennst du?

⭐ Informiere dich
dazu im Internet!

> Oh,
> ein Schiff!

**2** 🖊 Schreibe auch eine Glücksbringer-
Karte zum neuen Jahr!

**3** Lies diese Neujahrssätze.
Achte darauf, wie man **Vergangenes** auch ausdrücken kann!

Ich bin im vorigen Jahr ins Bett gegangen
und bin erst dieses Jahr wieder aufgestanden.
Wir haben im vergangenen Jahr zu Abend gegessen.

**4** Welche Sätze fallen dir dazu noch ein?

**5** Zu Silvester nehmen sich viele für die **Zukunft** etwas vor.
Nenne deine guten Vorsätze!

Ich werde meine Freunde öfter treffen.
Ich werde … Ich werde nicht mehr …

**6** 🖊 Schreibe Sätze wie in den Aufgaben 3 und 5!
Unterstreiche die Formen der Verben!

> Manchmal haben Verbformen zwei Teile:
> *Er hat geschlafen.* (Vergangenes)
> *Er wird telefonieren.* (Zukünftiges)

zu eigenen Traditionen erzählen; eine Glücksbringer-Karte schreiben;
zweiteilige Verbformen kennen lernen (Hilfsverb)

# So treiben wir den Winter aus

*In einigen Gegenden werden zur Faschingszeit die bösen Wintergeister mit viel Krach und Spektakel verjagt. Dazu verkleiden sich die Menschen, tragen Masken und machen ihre Späße.*

Huahuahuahua, ich bin Häuptling Adlerauge.

Salam alaikum!

Mein verehrtes Publikum …

Paul          Sofie          Leon

**1** Als was möchtest du im Fasching gehen? Sage auch, warum!

**2** ✏ So entstand Leons Kostüm.
Ergänze die Sätze und schreibe sie auf!

Leon (nahm) seinen Schlafanzug.

Dann ( ) er aus Papier bunte Puschel.

Diese ( ) er am Kostüm.

Die Halskrause ( ) ihm sein Vater.

Aus dünner Pappe ( ) er einen spitzen Hut.

Anschließend ( ) sich Leon.

> nehmen
> formen
> befestigen
> falten
> basteln
> schminken

**3** ✏ Bilde mit den Wortbausteinen neue Verben:
*kleben, malen, nähen,*
*schneiden, binden, hängen*
Schreibe Wortgruppen auf:
*einen Bart ankleben, …*

ab   zu   aus
an   um   auf

Ich klebe dir einen Bart an.

**4** ✏ Schreibe mit den Verben aus Aufgabe 3 Sätze!
*Ich klebe den Bart an. …*

⭐ ✏ Verwende die Verben **verkleiden** und **umkleiden** in Sätzen.
Was fällt dir auf?

## Doppelte Mitlaute

**1** Lies die Wortpaare laut und deutlich!
Wie klingen die Selbstlaute?
Begründe die Schreibung der Wörter!
schaffen – Schaf    still – Stiel
offen – Ofen    Schiff – schief

**2** Ergänze die Wortgruppen!
Ordne passend zu:

die ... Tür          offen
der ... im Zimmer    schief
das ... auf dem Meer Ofen
ein ... Turm         Schiff

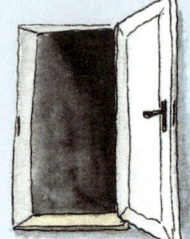

| | |
|---|---|
| der | Ball |
| die | Brille |
| der | Kaffee |
| die | Kette |
| der | Löffel |
| das | Messer |
| die | Nuss |
| die | Puppe |
| der | Schlitten |
| der | Schlüssel |
| die | Sonne |
| der | Stall |
| die | Tanne |
| der | Teller |
| die | Wolle |

> **Erinnere dich:**
> Doppelte Mitlaute können nur nach
> kurzem Selbstlaut stehen.
> die Kette, die Nuss (Buchstaben-Zwillinge)

**3** Ordne die Wörter der Wortleiste
nach **ff, ll, nn, pp, ss, tt**!
Wörter mit ff – der Kaffee, der ...
Wörter mit ll – der Ball, ...
Wörter mit ... – ...

**4** Welche Wörter verstecken sich hier?

| 16 | 21 | 12 | 12 | 15 | 22 | 5 | 18 |
|----|----|----|----|----|----|---|----|

| 19 | 21 | 16 | 16 | 5 |
|----|----|----|----|---|

| 8 | 1 | 12 | 19 | 11 | 5 | 20 | 20 | 5 |
|---|---|----|----|----|---|----|----|---|

> Jede Zahl ist
> ein Buchstabe:
> 1-A, 2-B, ...

 Verschlüssle diese Geschenke
wie in Aufgabe 4!
Kontrolliere vorher mit dem Wörterbuch!

### Eisbahn

Die Kinder schlittern über das Eis.
Sie rennen um die Wette.
Marko und Benni fallen hin.
Aber Tobias und Franzi schaffen es.

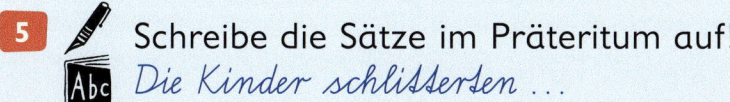

*fallen*
*kippen*
*nennen*
*rennen*
*rollen*
*schlittern*
*schwimmen*

**5** Schreibe die Sätze im Präteritum auf!
*Die Kinder schlitterten ...*

**6** Immer zwei Wörter gehören zusammen.
Schreibe so: *nen-nen, nann-te, ...*

| nennen | kippen | rollen | rennen |

| rannte | nannte | kippte | rollte |

schaf-fen

aber:
schaff-te

**7** Erkläre, wie du Wörter mit doppeltem Mitlaut trennst!

**8** Bilde aus den Wörtern zusammengesetzte Substantive!
Markiere immer das Bestimmungswort!
*der Füllhalter, ...*

| füllen | rennen | schlittern | schwimmen | rollen | treffen |

| Schlitten | Schuh | Punkt | Halle | Bahn | Halter |

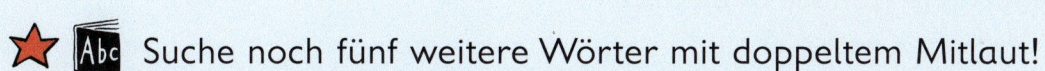

⭐ Suche noch fünf weitere Wörter mit doppeltem Mitlaut!

**9** Wie viele Wörter mit doppeltem Mitlaut findest du
im Übungstext? Schreibe sie nach Wortarten geordnet auf!

---

**Zum Üben**

Winterfreuden
Es beginnt wieder/zu schneien. Der Schnee fällt leise/
auf die Erde. Die Tannen bekommen/eine weiße
Haube. Paul holt seinen Schlitten/aus dem Keller.
Anne und Ben rollen/eine große Schneekugel.
Sie wollen einen Schneemann bauen.

# Doppelte Mitlaute

### Im Wald

Der Förster geht mit den Kindern in den Wald.
Sie haben auf dem Schlitten Futter für das Wild.
Als sie den Wald verlassen haben, nehmen
einige Rehe die Witterung auf. In der
Dämmerung kommen sie zur Futterstelle.
Es sieht aus wie eine große Tierversammlung.
Bald trennen sie sich wieder.

*dämmern*
*füttern*
*lassen*
*sammeln*
*sperren*
*stellen*
*trennen*
*wittern*
*zittern*

**1** ✏️ Zu einigen Verben aus der Wortleiste
findest du im Text verwandte Wörter.
Schreibe sie auf und markiere den Wortstamm!
*dämmern, die Dämmerung, ...*

**2** ✏️ Schreibe die Verben **füttern**, **sammeln**, **sperren**,
**stellen**, **trennen**, **wittern** und **zittern** wie im Beispiel auf!

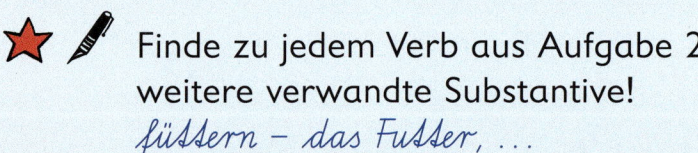

| *füttern* | *du fütterst* | *er füttert* | *sie fütterte* |
|---|---|---|---|
| *sammeln* | *du sammelst* | *er ...* | *sie ...* |
| *...* | | | |

⭐ ✏️ Finde zu jedem Verb aus Aufgabe 2
weitere verwandte Substantive!
*füttern – das Futter, ...*

**3** Lies den Text!
Ergänze die Sätze mit passenden Satzgliedern!
*der Junge, er, die Vögel, sie*
*... werden im Winter gefüttert.*
*Am Futterhaus versammeln ... sich.*
*... beobachtet sie. Es ist bitterkalt.*
*... zittert vor Kälte und eilt schnell nach Hause.*

**4** ✏️ Schreibe den Text von Aufgabe 3 auf!
Markiere die Wörter mit doppelten Mitlauten!

doppelte Mitlaute: verwandte Wörter finden;
gebeugte Form/Personalform bilden, Satzglieder einsetzen                    **AH** S.29

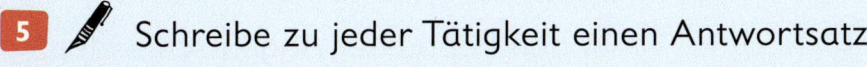

*brennen*
*brummen*
*donnern*
*dünn*
*gewinnen*
*die Kanne*
*die Pappe*
*summen*
*die Wanne*
merke:

*das Papier*

Wer genau hinschaut, erkennt jedes Tier:
Wer knurrt, wer schnurrt,
wer brummt, wer summt denn hier?

**5** ✏ Schreibe zu jeder Tätigkeit einen Antwortsatz!

⭐ ✏ Schreibe verwandte Wörter
zum Verb **gewinnen** auf!
Suche auch zusammengesetzte Substantive!

**6** ✏ Schreibe die Lösungswörter auf:

Mit T ist es stets immergrün.
Mit W ist oft viel Wasser drin.
Mit K ist's ähnlich einem Krug.
Wer's rauskriegt, der ist klug.

**TIPP** **So schreiben wir ein Fragediktat:**
• Einer diktiert einen Satz. Alle schreiben.
• Dann fragen wir, zum Beispiel:
Schreibt man **voll** mit **ll**?
Schreibt man **voll** mit **v**?
• Wer kann antworten?

**Zum Üben**

Im Winter
Die Tannen sind voll Schnee. Er glänzt in der Sonne.
Überall ist es sehr glatt. Die Kinder freuen sich/und
schlittern auf dem Eis. Anne sitzt auf ihrem Schlitten.
Sie zittert vor Kälte. Ihre Wolljacke ist zu dünn.
Sie geht nach Hause/und stellt ihren Schlitten/in den
Keller. Dann trinkt sie/eine Tasse heißen Tee.

## Faschingsmasken

Das braucht ihr:

- einen Pappteller
- eine Schere
- Pinsel und Farben zum Anmalen

- Tonpapier und Wollreste zum Verzieren
- Gummiband zum Festbinden

So wird es gemacht:

In den Pappteller Augen schneiden. Dazu den Pappteller an das Gesicht drücken und die Stelle für die Augen anzeichnen.

Den Pappteller so bekleben und bemalen, dass die gewünschte Maske entsteht.

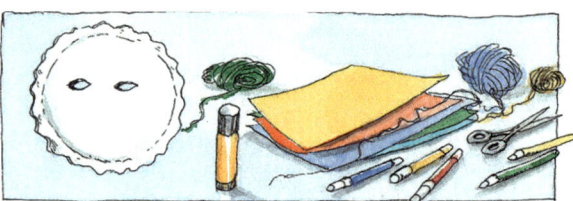

Rechts und links je ein Loch bohren. Das Gummiband durchziehen und verknoten.
Die Maske muss fest sitzen.

 Bastle dir eine solche Maske!

# Das tut mir gut

Einen guten Freund zu finden,
der in allem zu dir hält,
freut dich nicht nur augenblicklich,
sondern macht dich immer glücklich
und verändert deine Welt.

Rolf Krenzer

Was tut den Kindern gut?
Was tut dir gut?

# Ich fühle mich mal so, mal so

Ich könnte platzen.
Aus allen Nähten
könnte ich platzen
vor Wut.
Meine Hände zittern.
Meine Stimme bebt.
Meine Haut tut mir weh von so viel Wut.
Ich fühle mich krank in meiner Haut,
weil du so bös zu mir warst.

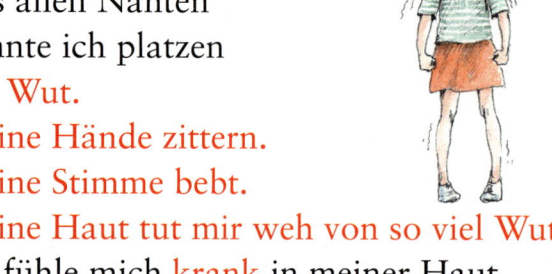

Ich könnte platzen.
Aus allen Nähten
könnte ich platzen
vor Lust.
Meine Hände winken.
Meine Stimme lacht.
Mein Bauch gluckert von so viel Lust.
Ich fühle mich wohl in meiner Haut,
weil du so lieb zu mir warst.

Hanna Hanisch

**1** Lies das Gedicht. Wie fühlt sich das Kind?

**2** Wann warst du das letzte Mal richtig wütend,
wann hast du dich richtig gut gefühlt? Sprecht darüber!

**3** Schreibt die Textzeilen auf Zettel!
Welche drücken Wut, welche Freude aus? Ordnet sie!

| | |
|---|---|
| Meine Faust ballt sich. | Mein Mund lacht. |
| Meine Stimme jubelt. | Mein Herz hüpft. |
| Meine Lippen werden weiß. | Meine Stimme brüllt. |

**4**  Schreibe auch so ein Gedicht!
Schreibe in der letzten Zeile,
warum du so wütend bist
oder warum du dich so freust!

⭐ Trage dein Gedicht vor!
Stelle mit deinem Körper
die Wut oder die Freude dar!

> Ich könnte platzen.
> Aus allen Nähten könnte ich platzen
> vor ...
> ...
> ...
> Ich fühle mich ... in meiner Haut,
> weil ...

# Der erste Tag in der neuen Klasse

Das ist unsere neue Mitschülerin Lena …

**1**  Schaut euch die Bildergeschichte an!
Worum geht es?

**2**  Wie fühlt sich Lena am Anfang
der Geschichte, wie am Ende?
Begründe deine Meinung!

**3**  Was könnte dazwischen passiert sein?
Erzählt oder spielt es!

**4**  Schreibe die Geschichte auf!
Die Sammelwörter helfen dir!

 Ist dir schon einmal etwas Ähnliches passiert?
Erzähle es oder schreibe es auf!

Lehrerin stellt … vor
Klasse
Hofpause
alle toben
steht abseits
will mitspielen
Seilspringen
miteinander

# Vitamine

*Paul, Anna und Tim bereiten einen Möhrensalat zu.*

Zuerst  Paul  Möhren

Dann  er  die Möhren

Mit dem Küchenmixer  er  sie

In der Zwischenzeit  Anna  einen Apfel

Sie  ihn  anschließend  in kleine Stücke

Die Äpfel und die Möhren  Tim  in eine Schüssel

Er  alles  mit etwas Öl und Zitronensaft

waschen
schälen
zerkleinern
schälen
schneiden
geben
vermischen

**1** Versuche, mit den Satzgliedern jeder Zeile einen Satz zu bilden!
Was fällt dir auf?

**2** ✏ Vervollständige die Sätze! Verwende dazu die Sammelwörter!
Kreise in den Sätzen das Satzglied ein,
das sagt, was Anna, Paul oder Tim tut!

*Zuerst (wäscht) Paul Möhren. …*

⭐ ✏ Was kann Paul mit den Möhren noch tun?
Bilde drei sinnvolle Sätze!

*Paul (malt) Möhren.*
*Paul ◯ Möhren.*
*Paul ◯ …*

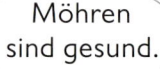
Möhren
sind gesund.

 Erst ein **gebeugtes Verb** macht aus Wörtern und Wortgruppen
einen **Satz**. Man nennt es **Satzaussage (Prädikat)**.

*Paul (wäscht) Möhren.*

## Bewegung

Tim und Maria (wandern) im Wald.

Alexander (klettert) gerne.

Einmal im Monat (reitet) Tamara.

Auf dem Trampolin (hüpft) Paul.

Sofie (tanzt.)

**1** Lies, was die Kinder tun!
Frage mit „Was tut ...?" oder „Was tun ...?"
nach dem Prädikat!

**2** Finde heraus, wie viele Satzglieder in diesen Sätzen
immer vor dem Prädikat stehen!

**3** 🖊 Schreibe zu jedem Satz die Frage und die Antwort auf!
Markiere in den Antworten das Prädikat!
*Was tun Tim und Maria im Wald? Sie* (wandern).

**4** 🖊 Stelle in den folgenden Sätzen das Prädikat an den Anfang!
Was fällt dir auf?
Schreibe die Sätze mit dem richtigen Satzzeichen auf!

Peter (joggt) mit seinem Vater.

Maria (rennt) auf den Pausenhof.

Anna (klettert) auf den Baum.

⭐ 🖊 Was tust du am liebsten?
Bilde möglichst viele Sätze mit unterschiedlichen Prädikaten!

> Die **Satzaussage (das Prädikat)** ist das Satzglied,
> das auf die Frage **„Was tut ...?"** antwortet.
> *Was tut Emma? Emma* **schläft**.

# Sport

**1** Sprich über deinen Lieblingssport!

**2** 🌐 Hallo Fußballfans! Wer kennt sich aus?
Manchmal schreibt man für Ziffern Zahlwörter.
Beratet, welche Zahlwörter ihr hier einsetzen müsst!

Bei einem Punktspiel dauert eine Halbzeit … Minuten.
Die Pause zwischen den Halbzeiten ist … Minuten lang.
Zu einer Mannschaft gehören … Spieler,
… Feldspieler und … Torwart.
Außerdem sitzen ein paar Spieler auf der Reservebank.
Wenn es mehrere Unterbrechungen gegeben hat,
lässt der Schiedsrichter am Ende immer einige Minuten
nachspielen.

**3** ✏ Schreibt Wortgruppen!
*fünfundvierzig Minuten, …*

**4** ✏ Wo ist die Zahlenangabe
im Text unbestimmt?
Nenne die unbestimmten Zahlwörter!
Schreibe so: *ein paar Spieler, …*

Einige
Minuten?

Ganz
unbestimmt!

⭐ ✏ Welche Zahlwörter sind für ein Handballspiel
oder ein Basketballspiel wichtig?

**5** ✏ Schreibe die Zehnerzahlen von zwanzig bis neunzig
als Zahlwörter auf!
Markiere, was bei den Zahlwörtern immer gleich bleibt!

**Fußballtraining**

Zuerst laufen wir eine Runde.
Denn der Lauf macht uns warm.
Dann springen wir mit dem Seil.
Es sollen möglichst viele Sprünge sein.
Nun schießt jeder den Ball ins Tor.
Schade, mein Schuss ging daneben!
Der Torwart wirft den Ball zurück.
Leon stoppt den Wurf.

**1** Schreibe zu **laufen**, **springen**, **schießen** und **werfen**
die verwandten Substantive aus dem Text auf!
Schreibe so:

*laufen – der Lauf – ein schneller Lauf
springen – ...*

**2** Wer trainiert hier?

*laufen        – der Läufer, die Läuferin
springen      – der Springer, die ...
schwimmen  – ...
reiten         – ...
tanzen        – ...
turnen        – ...
fahren        – ...
boxen         – ...*

★ Das müssen Sportler besonders üben:
*anlaufen*, *abspringen*, *einwerfen*, *zuspielen*
Schreibe so:
*Sie üben den Anlauf, den ...*

Aha,
deshalb Läufer
mit **äu**!

Von manchen Verben kann man Substantive ableiten.
Sie gehören zu einer Wortfamilie.
Sie können einen Artikel haben.
*laufen – der Lauf, der Läufer, die Läuferin*

# Wörter mit ck

### Gesund essen

Frisches Obst und Gemüse
sind gesund und lecker.
Süßes Gebäck und Getränke
mit Zucker schmecken zwar auch,
aber sie machen dick.
Leckereien soll man bewusst genießen.

> Kurzer Selbstlaut – darum **ck**!

die *Brücke*
*dick*
*drücken*
die *Ecke*
die *Jacke*
*lecken*
*schmecken*
der *Stock*
das *Stück*
*wecken*
der *Zucker*
merke:
*rückwärts*

**1** ✏ Finde im Text die sechs Wörter mit **ck**!
Schreibe sie heraus und markiere den kurzen
Selbstlaut vor dem **ck** mit einem Punkt (.)!
*lecker, ...*

**2** ✏ Schreibe die Verben der Wortleiste so auf:

| Grundform | Präteritum |
|-----------|------------|
| drü-cken  | ich drück-te |
| le-cken   | ich ...    |

> lecker, le-cker!

---

**Erinnere dich:**
Trenne nie **ck**! *we-ck*en, *weck*-te

---

**3** ✏ Schreibe die Substantive *Brücke*, *Jacke*, *Stock* und *Stück*
in Einzahl und Mehrzahl auf!
*die Brücke, die Brücken, ...*

**4** ✏ Schreibe alle Wörter auf, die zur Wortfamilie **schmecken**
gehören! Unterstreiche den Wortstamm!

| Geschmack | Dreck | Leckerei | geschmackvoll | Feinschmecker |

| schmackhaft | probieren | abschmecken | schlecken |

⭐ ✏ Finde möglichst viele Wörter der Wortfamilie **stecken**!

**5** 🖉 Wähle immer ein Substantiv aus der Wortleiste
und setze es als Brückenwort ein!
*die Hausecke – der Eckzahn, …*

Brauchst du
ein **n**?

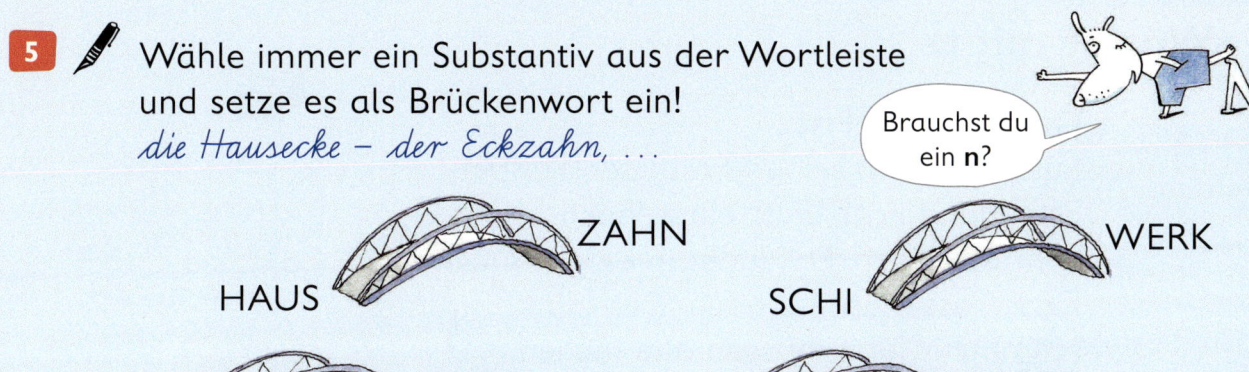

ZAHN

HAUS

WERK

SCHI

DOSE

WÜRFEL

WINTER

KNOPF

**6** 🖉 Bilde mit den Wortgruppen kurze Sätze!
*am Eis lecken, auf die Klingel drücken,
die Kinder wecken, näher an den Ofen rücken*

Schreibe die Sätze auf und kreise das Prädikat ein:
*Julia (leckt) am Eis.*

Ein dicker
Kuss …

**7** 🖉 Was soll **trocken** sein? Was kann **dick** sein?
*die Wäsche, die Socken, der Baumstamm,
der Sand, das Buch, der Sommer*
Schreibe Wortgruppen:
*die trockene Wäsche, …*

⭐ 🖉 Schreibe mit den Wörtern **lecken**, **schmecken**, **lecker**
eine kurze Geschichte!

**8** 🖉 Suche alle Substantive der Wortleiste im Wörterverzeichnis
🔤 oder im Wörterbuch! Schreibe die Seitenzahl dazu!
*die Brücke: S. …,*

**9** 🖉 Entschlüssle die Wörter!

REKCUZLEFRÜW
NEHCUKREKCUZ
REKCUZREDUP
SSUGREKCUZ

# Wörter mit tz

### Der schnelle Fritz

Lutz spielt mit seinen Freunden Fußball.
Sein Hund Fritz läuft blitzschnell
dem Ball nach. Er landet in einer Pfütze.
Das Wasser spritzt hoch. Der Hund ist ganz
schmutzig. Jetzt müssen alle lachen.

der Blitz
blitzen
die Mütze
die Pfütze
der Schmutz
schmutzig
spritzen

merke:

jetzt
letzter
zuletzt

**1** Finde im Text alle
Wörter mit **tz**!
Schreibe sie heraus
und markiere den kurzen
Selbstlaut vor dem **tz**
mit einem Punkt (.)!

Kurzer
Selbstlaut –
darum **tz**!

**2** Schreibe die Reimwörter auf!

| der Witz | die Pfütze | der Putz |
|---|---|---|
| der Bl… | die M… | der Sch… |
| der Schl… | die St… | der Schm… |

**3** Sprich den Zungenbrecher deutlich und schnell!
Du kannst den Zungenbrecher auch mehrmals umstellen!

Der Metzger (wetzt)

das Metzgermesser

auf des Metzgers Wetzstein .

⭐ Sammle weitere Wörter mit **tz**!
Bilde einen Satz, der möglichst viele **tz**-Wörter enthält!

Katzen, kratzen,
Tatzen, putzig,
schmutzig …

Putzige Katzen
kratzen mit
schmutzigen
Tatzen …

## Keine Freundschaft

Der Bleistift mag den Spitzer nicht.
Den findet er gemein.
Der gönnt ihm seine Größe nicht
und spitzt ihn klitzeklein.

Regina Schwarz

**4** 🖊 In dem Gedicht findest du zwei verwandte Wörter.
Schreibe sie heraus und suche noch mehr Verwandte!

**5** 🖊 Hier sind einige Wörter vertauscht:
*der Satzfink – das Schmutzzeichen*
*die Blitzmütze – der Schlafschlag*
*die Parkpfütze – der Regenplatz*
Schreibe die Wörter richtig auf:
*der Schmutzfink, das Satzzeichen, …*

> Silben
> klatschen!

**6** 🖊 Trenne die Wörter nach Silben:
*putzen, er putzte, spritzen, sie spritzte,*
*blitzen, es blitzte, letzter, zuletzt*
Schreibe so: *put-zen, er putz-te, …*

⭐ 🖊 Schreibe mit den Wörtern **Katze**, **Spatz** und einigen Wörtern
aus der Wortleiste eine kleine Geschichte!

**7** 🖊 Finde die acht Wörter mit **tz** und die vier Wörter mit **ck** im Text!

---

**Zum Üben**

Staffellauf
Maxi legt ihre dicke Jacke/auf die Bank. Lutz setzt
seine Mütze ab. Sie gehen an ihren Platz. Jetzt kommt
das Zeichen. Sie laufen los/wie der Blitz. Am Stock
wenden sie/und laufen zurück. Zuletzt schlagen sie/
den nächsten Läufer an. Das letzte Kind läuft los.
Wer wird gewinnen?

## Brieffreundschaften

In Christine Nöstlingers Buch „Liebe Susi, lieber Paul"
stehen nur Briefe:

```
Lieber Paul,
ich bin wieder ganz gesund!
Bald ist es N8! Ich male
ein Bild. Darauf ist ein
Baum mit vielen 2gen.
Neben ihm steht eine 11e.
Die hat ein Fahrrad. Aber
in den Ra3fen ist keine
Luft. Kannst du das lesen?
Das habe ich erfunden.
So geht das Schreiben
viel schneller.
Wenn ich wieder in die
Schule gehe, werde ich
der Lehrerin das schnelle
Schreiben erklären.

Deine Freundin Susanna
```

```
Liebe Susanna,
ich freue mich,
dass du wieder
gesund bist.
Das Foto von dir habe ich
dem Hubert und dem Georg
gezeigt. Du gefällst ihnen
sehr gut. Paula gefällst
du auch. Deine Frisur hat
ihr besonders gut gefallen.
Darum habe ich ihr gestern
Stirnfransen geschnitten.
Leider sind sie schief ge-
worden. Meine Mama hat sie
dann geradegeschnitten.

Viele liebe Grüße
dein Freund Paul
```

Was hältst du von Brieffreundschaften?

SOS! Mein Briefkasten
verhungert! Ich bin
Benedikt (10 J.) und
suche einen
Brieffreund oder eine
Brieffreundin.
Hobbys: Tiere,
schwimmen gehen,
Fahrrad fahren.
Melde dich bald!

Wer hat Lust, mit mir
eine Brieffreundschaft
einzugehen?
Mein Name ist Tobias,
und ich habe kein
bestimmtes Hobby,
aber einen Hund.
Außer Pokémons mag
ich fast alles.

Hallo, ich bin Annika,
9 Jahre alt, und
wünsche mir
Brieffreundinnen.
Hobbys: Musik,
Pokémon.
Außerdem habe ich
ein Kaninchen und
zwei Katzen.
Annika F.

Ich hoffe
auf Post.

⭐ 👤 Was würdest du über dich schreiben?
✏️ Stelle deine Zeitungsanzeige vor!
Beratet, ob sie wirklich zu dir passt!

# Früher und heute

Was die Großen nicht mehr lieben
oder achtlos von sich schieben,
landet oft zu unserm Jammer
in der dunklen Rumpelkammer.

Was die Großen nicht verstehen
oder achtlos übersehen,
grade das sind oft die Sachen,
die uns Kindern Freude machen.

Hans Stempel, Martin Ripkens

Früher und heute in einem Bild.
Geh auf Entdeckungsreise!
Worüber möchtest du mehr erfahren?

# Früher und heute unterwegs

Deutschland hatte 1660 die erste regelmäßige Postkutschenverbindung.
Die Kutschen fuhren zwischen Leipzig und Hamburg.
Zur damaligen Zeit war die Postkutsche nicht nur für den Transport
von Post, sondern auch für die Beförderung von Passagieren zuständig.
In der Kutsche saßen die Leute eng und unbequem.

Die Kutsche hielt an den Poststationen.
Dort tränkte und fütterte der Postillion
die Pferde. Die Reisenden nahmen
inzwischen eine Vesper ein. Als Signal für
die Weiterfahrt blies der Kutscher in sein
Horn. Für eine Strecke, die man heute in
zwei Stunden zurücklegt, brauchte die
Postkutsche zwei bis drei Tage.

**1** Lest den Text und klärt gemeinsam unbekannte Wörter!
Benutzt Nachschlagewerke oder erkundigt euch im Internet!

**2** Fasse mit eigenen Worten zusammen, was
du über das Reisen früher erfahren hast!
Lege dir einen Stichpunktzettel an!

> Reisen früher
> – 1660 erste Postkutsche
> – von Leipzig nach Hamburg
> – Transport von Post
> – Transport von …

**3** Berichte von einer eigenen Reise!
Was war anders als eine Reise mit der Postkutsche?

**4** Schreibe die zehn Verbformen im Präteritum
so aus dem Text heraus:

| Präteritum | Grundform |
|------------|-----------|
| es hatte | haben |
| sie fuhren | fahren |
| sie war | sein |

> Grundform – Präteritum:
> sein – ich war
> haben – ich hatte

**5** Wie reist man heute?
Schreibe einige Sätze im Präsens auf! Markiere die Präsensformen!
*Heute reist man mit der Bahn oder dem Flugzeug. …*

# Am Anfang war das Holzrad

*Die Entwicklung des Fahrrades dauerte viele Jahre.*
*Im Jahre 1817 konstruierte Freiherr Karl Drais von Sauerbronn*
*eine Laufmaschine mit lenkbarem Vorderrad.*

**1** Vergleicht die beiden Fahrräder!
Sagt, was beide Räder gemeinsam haben!

**2** Sagt nun, was unterschiedlich ist!

**3** 🖊 Schreibe einige Unterschiede auf!
Beachte dabei die Sammelwörter!

| | |
|---|---|
| der | Lenker |
| der | Sitz |
| die | Bremse |
| die | Beleuchtung |
| der | Rückstrahler |
| die | Klingel |
| die | Pedale |
| der | Antrieb |
| die | Bereifung |

**4** 🖊 Schreibe auf, wie diese Räder heißen!

**5** Wähle eines der Räder aus Aufgabe 4 aus!
Erkläre, wozu man es früher benutzt hat!

 🖊 Wie nennt man die abgebildeten Dinge?
Erkundige dich und schreibe
ihre Namen richtig auf!

# Fragestunde mit Oma

**1** Schreibt das Gespräch auf Papierstreifen!
Ersetzt dabei die Sprechblasen durch Anführungszeichen!

> *„Durftest du als Kind abends fernsehen?"*

**2** Schreibt diese Begleitsätze auf Papierstreifen!
Ordnet sie dem Gespräch passend zu!

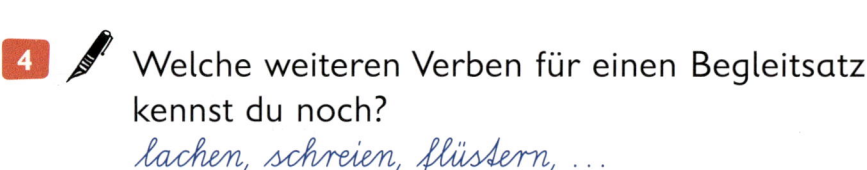

Tim fragt:    Oma antwortet:    Oma erzählt:    Tim staunt:

**3** Schreibe das Gespräch
mit Begleitsätzen auf!

**4** Welche weiteren Verben für einen Begleitsatz
kennst du noch?
*lachen, schreien, flüstern, ...*

⭐ Wen möchtest du gerne über früher befragen?
Bereite ein Interview vor!

> Die **wörtliche Rede** steht in **Anführungszeichen**.
> Vor der **wörtlichen Rede** kann ein **Begleitsatz** stehen.
> *Lisa fragt :*    *„Wie war es?"*
> —————— :    „...................?"
> Begleitsatz      wörtliche Rede

# In Poesiealben stöbern und schmökern

*Paul hat ein altes Album von seiner Ururoma mit in die Schule gebracht.*

Ein Album, viele Alben.

**1** Woran erkennst du, dass das Album aus vergangener Zeit ist?

**2** Schreibe den Text ab! Setze die wörtliche Rede in Anführungszeichen und markiere die Begleitsätze!

Paul erklärt: Dieses Album gehörte meiner Ururoma.
Max fragt: Wer ist denn das Mädchen auf dem Foto?
Paul antwortet: Das weiß ich nicht. Lisa ruft: Das steht doch da!
Leon wundert sich: Ich kann die Schrift aber nicht lesen.

**3** Sammelt alte Gegenstände!
Schreibt dazu, was ihr darüber wisst,
und macht eine kleine Ausstellung!

★ Die Schrift im Poesiealbum heißt Sütterlin.
Schreibe deinen Namen in Sütterlin auf!

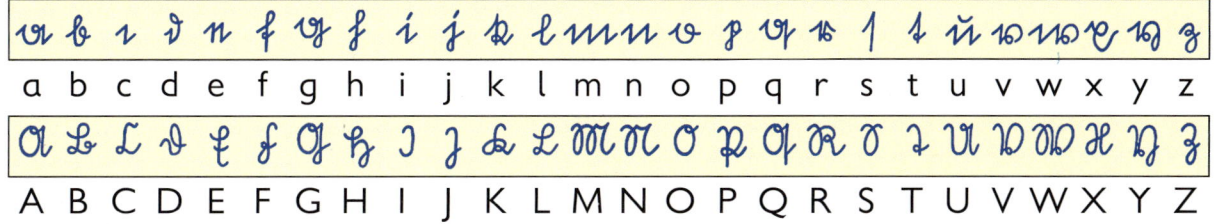

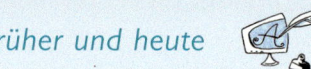

# Wörter mit pf

**Früher**
Früher zogen Pferde
die Postkutsche.
Die erste Lokomotive
fuhr mit Dampf.
Die Mädchen trugen ihre
langen Haare oft als Zöpfe.

*der Apfel*
*der Dampf*
*hüpfen*
*klopfen*
*der Kopf*
*das Pferd*
*pflanzen*
*pflegen*
*pflücken*
*die Pfütze*
*der Topf*

**1** ✏️ Finde im Text alle Substantive mit **pf**!
Schreibe sie in Einzahl und Mehrzahl auf!

**2** ✏️ Finde zu den Verben aus der Wortleiste
verwandte Wörter!
Unterstreiche die Wortstämme!
*hüpfen, er hüpfte, der Grashüpfer, …*

**3** ✏️ Schreibe mit den Wortpaaren je einen Aufforderungssatz
und einen Fragesatz!
*Pferd – pflegen, Pfütze – hüpfen, Äpfel – pflücken*

**4** ✏️ Löse das Bilderrätsel!
Die Anfangsbuchstaben ergeben ein Wort!

**5** ✏️ Topf oder Kopf?
*der Kohl…, das …kissen, der …deckel,*
*der Blumen…, die …schmerzen, der …lappen*

**6** ✏️ In jedem Wort stecken noch andere Wörter:
*Pflicht, Pflanze, Pfeile, Pfanne, Pflaster, pflegen, pflügen, Pfosten*
Schreibe so: *die Pflicht – das Licht – ich, …*

⭐ ✏️ Finde noch weitere Wörter mit **pf**, in denen andere Wörter stecken!

# t in der Wortmitte und am Wortende

**1** 🖊 Schreibe immer das Gegenteil!
Du findest die Wörter in der Wortleiste!

| | |
|---|---|
| *eine junge Pflanze* | *– ein … Baum* |
| *ein schmaler Weg* | *– eine … Straße* |
| *eine weiche Birne* | *– eine … Nuss* |
| *ein warmer Tag* | *– eine … Nacht* |
| *ein schweres Rätsel* | *– eine … Aufgabe* |

*alt*
*breit*
*die Eltern*
*hart*
*kalt*
*die Karte*
*leicht*
*der Ort*
*weit*
*die Zeit*

**2** Welche Wortart hast du ergänzt?

**3** 🖊 Schreibe den Text ab!
Setze die wörtliche Rede in Anführungszeichen
und markiere die Begleitsätze!

Tim und seine Eltern haben sich verfahren.
Mutti fragt: Durch welchen Ort
sind wir gerade gefahren?
Vati antwortet: Ich weiß es nicht.
Tim meint: Haltet doch kurz an!
Dann können wir auf die Karte gucken.

⭐ 🖊 Kennst du diese Redewendungen? Schreibe sie auf!
*Du bist l… wie eine Feder.*
*Es ist w… und br… niemand zu sehen.*
*Das Brot ist h… wie Stein.*
*Kommt Z…, kommt Rat.*

---

**Zum Üben**

Wie man reiste
Früher reiste man mit Kutschen.
Pferde zogen sie von Ort zu Ort.
Später gab es die Dampfeisenbahn.
Mit ihr brauchte man weniger Zeit.
Heute reist man/auch zu weit
entfernten Zielen/in kurzer Zeit.

---

## Früher und heute

 So wurde im Jahre 1889 für eine Schultasche geworben.
Was erfährst du aus der Anzeige?

**Von 100 Mädchen**

sind 90 schief, in Folge fortgesetzt **einseitiger Be=
lastung** besonders durch Schulmappen. **Nur** die
Augusta=Mappe (Syst. Herzberg) ist mit einer
Tragvorrichtung versehen, welche das Gewicht auf
den Körper **gleichmäßig** vertheilt und dadurch **Rück=
gratsverkrümmungen** in **natürlichster** Weise ver=
hindert. In Folge dieses Vorzuges ist die Augusta=
Mappe in den meisten Berliner höheren Töchter=
schulen eingeführt und wird von Lehrern, sowie von
Aerzten empfohlen. Hochelegante und gediegenste
Ausführung. Preis Mk. 5,50 pro Stück gegen Ein=
sendung des Betrages oder gegen Nachnahme Mk. 5,70
Franco=Zusendung. Bei Nichtgefallen Zurücknahme
gegen Rückzahlung des Betrages. Die Augusta=
Mappe ist zu haben in den meisten Geschäften für
Schulbedarf und direct vom Fabrikanten

**Albert Thiese, Berlin S.,** Fürstenstraße 13.

Man verlange Prospect.

 Gestalte selbst eine Werbeanzeige
für eine Schultasche, die dir gefällt!
Du kannst dafür

- aus einem Katalog die Abbildung
  einer Schultasche ausschneiden,
- aus Zeitschriften Werbewörter
  aufkleben,
- eine passende Überschrift und
  einen Werbetext entwerfen.

Ordne alles auf einem Blatt an.
Fertig ist die Werbeanzeige!

 Was könnten deine zukünftigen Kinder oder Enkel
später in der Schule einmal brauchen?

# Im Frühling

Der Frühling hat sich eingestellt,
wohlan, wer will ihn sehen?
Der muss mit mir ins freie Feld,
ins grüne Feld nun gehen.

August Heinrich Hoffmann
von Fallersleben

Erzählt, wie ihr den Frühling
sehen, riechen, hören und fühlen könnt!

# Frühlingszeit

*Im Herbst haben sich Frau Meise und Frau Schwalbe voneinander verabschiedet.*
*Im Frühling treffen sich beide wieder und erzählen von ihren Erlebnissen.*

**1** Was könnte Frau Schwalbe, was könnte Frau Meise erlebt haben?
Erzählt zu den Bildern oder denkt euch eine Geschichte aus!

 Du kannst auch aufschreiben, was die beiden erlebt haben.

 Hier war es so kalt
wie im Kühlschrank.

Im Süden war es so
heiß wie im Backofen.

**2** Schreibe zwei solcher Sätze mit so … wie auf!
*Im Winter waren die Straßen so glatt wie …*

Warum bist du
denn jetzt erst
zurückgekommen?

Hier ist es jetzt wärmer
als im Winter. Die Sonne
scheint länger als im Winter.

**3** Was könnte im Frühling noch schöner sein als im Winter?
Schreibe so: *Im Frühling ist es wärmer als …*

> Adjektive helfen uns, etwas zu vergleichen.
> *Tim ist älter als sein Bruder.*
> aber: *Er ist so alt wie sein Freund.*

Niemals
als wie!

# Tierkinder – mal klein, mal groß

Das Lämmchen ist klein.

Das Häschen ist kleiner als das Lämmchen.

Das Küken ist noch kleiner als das Häschen.

Das Küken ist am kleinsten.

**1** Schreibe die Formen der Adjektive heraus!
Unterstreiche die Wortstämme und vergleiche die Endungen!

**2** Setze groß, größer, am größten passend ein!

Der Käfer ist klein.
Das Küken ist dagegen …
Das Häschen ist … als das Küken.
Das Lämmchen ist noch … als das Häschen.
Das Lämmchen ist am …

Marie, Mia, Florian

Schneeglöckchen, Maiglöckchen, Tulpe

**3** Denke dir zu den Bildern auch solche Vergleiche aus!

⭐ Denke dir eigene Vergleiche aus und zeichne dazu!

**4** Steigere die Adjektive gut und viel!
Abc Das Wörterverzeichnis hilft dir!

> **Adjektive** kann man steigern.
>
> | Grundstufe | Mehrstufe | Meiststufe |
> |---|---|---|
> | *klein* | *kleiner* | *am kleinsten* |

# Osterschmuck – Osterbräuche

Die Kinder ◯ die Sträucher mit Ostereiern.

Am Osterbäumchen ◯ zwölf Ostereier.

Auch der Brunnen ◯ Osterschmuck.

Junge Mädchen ◯ am Ostermorgen

schweigend Osterwasser.

Osterwasser ◯ schön.

Willi ◯ für den Osterhasen ein Nest.

Der Osterhase ◯ die Eier.

| |
|---|
| basteln |
| bauen |
| bekommen |
| erhalten |
| hängen |
| holen |
| legen |
| machen |
| schmücken |
| schöpfen |
| verstecken |

**1** Lies den Text leise! Was fehlt darin immer?
Bilde richtige Sätze!
Die Verben am Rand helfen dir.

**2** Schreibe einige Sätze aus Aufgabe 1 auf!
Kreise ein, was du eingesetzt hast!
Wie heißt dieses Satzglied?

**3** Lest euch eure Sätze gegenseitig vor
und vergleicht!
Vielleicht habt ihr unterschiedliche
Prädikate gewählt.

**4** Setze verschiedene Prädikate ein!

Die Kinder ⟨ verstecken ⟩ die Ostereier.

Immer wird hier etwas anderes ausgesagt.

# Ostereier überall

Bunte Ostereier gibt es seit etwa 300 Jahren.
Die Menschen färbten sie mit Natursäften
aus Spinat oder Zwiebelschalen.
Später verzierten sie die Eier mit Mustern
oder Bildern.
Besonders kunstvoll gestalteten die Sorben
ihre Ostereier.
Früher benutzte jede sorbische Familie
ihre eigenen Muster und Farben.
Das Wissen über die besten Färbetechniken
war ein Geheimnis. Man gab es nur innerhalb
der Familie weiter.

**1**    Lies den Text! Was wusstest du noch nicht?

**2** ✏️   Schreibe alle Prädikate aus dem Text heraus!

**3** ✏️   Beschreibe, wie du ein Osterei gestaltest!
Achte dabei auf verschiedene Satzanfänge
und passende Verben:
- ausblasen
- bemalen oder bekleben
- lackieren oder mit Speck einreiben
- anhängen

**4** 🎭 Lest euch eure Beschreibungen vor!
Stimmt die Reihenfolge der Tätigkeiten?

⭐    Informiere dich darüber, wie diese sorbischen Eier
gestaltet werden!

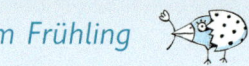

# Wörter mit Sp/sp und St/st

**1** Lies die Wortgruppen!
Wo musst du **Sp/sp** oder **St/st** einsetzen?

im Park ▮azieren, den ▮ift ▮itzen,

den ▮ern betrachten, zu ▮ät kommen,

sich auf den Stuhl ▮ützen, einen ▮aß machen

**2** 🖊 Bilde mit den Wortgruppen kurze Sätze
und schreibe sie auf!
Achte darauf, welche Wörter
du großschreiben musst!
*Ich gehe im Park spazieren. ...*

**3** 🖊 **Abc** Schreibe die Substantive der Wortleiste
in Einzahl und Mehrzahl auf!
Kontrolliere mit dem Wörterbuch oder
dem Wörterverzeichnis!
*der Spaß – die Späße, ...*

**4** 🖊 **Stift**, **Stuhl** und **Stiel** sollen immer das Grundwort
in zusammengesetzten Substantiven sein.
Schreibe so: *der Bleistift, ...*

**5** 🖊 Schreibe die Verben der Wortleiste ab!
Markiere die Wortstämme und
suche zu jedem ein verwandtes Wort!
*spazieren, der Spaziergang, ...*

⭐ 🖊 Ergänze mit passenden Wortstämmen
aus der Wortleiste:
*Der Arzt hat heute keine ...stunde.*
*Der Maler trägt die Farbe*
*mit einer ...pistole auf.*
*Ein feiner Regen heißt auch ...*

*der Spaß*
*spät*
*sprechen*
*spritzen*
*sprühen*
*der Stern*
*der Stiel*
*der Stift*
*der Stuhl*
*die Stunde*
*stützen*

merke:

*spazieren*

SPRECHSTUNDE
VON...    BIS...

**6** 🖊 Schreibe drei Sätze mit **spät, später**, am **spätesten**!

**7** 🖊 Setze aus den Silben vier Verben zusammen und
schreibe sie so auf: *sit-zen, …*

| sit | sprü | spre | stüt | zen | chen | hen | zen |

**8** 🖊 Bilde mit den Wortbausteinen sinnvolle Verben!
Verwende sie in einem Satz!
*absprechen: Ich spreche mich mit meinem Freund ab.*

an    auf    sprechen    stützen
ab    unter    sprühen

**9** 🖊 Die Wortpaare klingen gleich –
haben aber unterschiedliche Bedeutung:
*er stand – der Stand, er stahl – der Stahl, ich spritze – die Spritze.*

Schreibe mit den Wörtern Sätze, in denen sie einmal als Verb,
einmal als Substantiv vorkommen:
*Er stand hinter mir. Sie hatte einen Stand auf dem Markt.*

**TIPP**    **So schreibe ich ein Dosendiktat:**
• Ich schreibe jeden Satz auf einen langen Papierstreifen.
• Ich vergleiche genau mit der Vorlage.
• Ich lese den ersten Satz mehrfach und präge ihn mir ein.
• Ich stecke ihn in die Dose.
• Ich schreibe den Satz auswendig auf.
• Ich mache das Gleiche mit den übrigen Sätzen.
• Zum Schluss kontrolliere ich den ganzen Text mit der Vorlage.

---

**Zum Üben**    Ein schlechter Spaß
    Anna und Tom gehen spazieren. Da kommt
der starke Felix. Er springt in eine Pfütze.
Das Wasser spritzt auf Tom und Anna.

aus Silben Wörter zusammensetzen; Verben zusammensetzen;
Wortbedeutung zur richtigen Schreibung nutzen; Dosendiktat

# Wörter mit lk, nk, rk und lz, nz, rz

**Geschenke zum Muttertag**
Marie schreibt ein Gedicht.
Sie merkt es sich und
sagt es auf. Lukas bastelt
aus Salzteig ein Herz. Lisa tanzt
für Mutti. Tim hat Blumen gepflückt.
Hoffentlich verwelken sie nicht so früh.

*Am heutigen Tag
bedank ich mich,
weil ich dich mag:
Ich liebe dich.*

danken
denken
das Gewürz
die Gurke
das Herz
merken
der Pilz
der Quark
das Salz
schenken
der Schwanz
stark
tanzen
das Werk
die Wolke

**1** Finde im Text jeweils ein Wort
mit **nk**, **lk**, **rk** und **lz**, **nz**, **rz**!
Schreibe die Wörter auf!
*nk: schenken, ... lk: verwelken, ... rk: ..., ...*

**2** Schreibe drei Sätze mit
**stark** – **stärker** – **am stärksten**!

**3** Bilde mit **Quark**, **Pilz** und **Gurken**
sinnvolle zusammengesetzte Substantive!

Salat       Kuchen       Buch

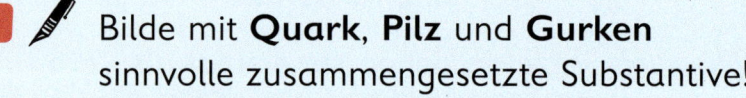

Schale       Becher       Suppe

*Nach **l**, **n**, **r**
das merk dir ja,
steht nie **tz** und
nie **ck**!*

**4** Welche Substantive der Wortleiste
stehen hier in Geheimschrift?
Schreibe sie auf!

ı‖‖ı      ı‖ı‖‖      ı‖ı      ı‖ı‖

*Ob er
essbar ist?*

⭐ Schreibe selbst Wörter aus der Wortleiste
in dieser Geheimschrift!

**5** Welche Wörter aus der Wortleiste sind verwandt?
*der Dank – ..., herzlich – ..., das Geschenk – ..., die Stärke – ...*

Wörter mit lk, nk, rk und lz, nz, rz in Sinnzusammenhängen verwenden;
zusammengesetzte Substantive bilden; Geheimschrift; verwandte Wörter finden          **AH** S.45

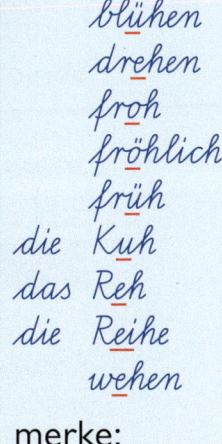

# Wörter mit h am Ende des Wortstammes

**1** Was haben alle Wörter
der Wortleiste gemeinsam?

Was hörst
du nicht und sprichst
du nicht?

**2** 🖋 Schreibe die Substantive der Wortleiste
in Einzahl und Mehrzahl so auf:
*die Kuh – die Kühe, ...*

**3** 🖋 Setze Verben der Wortleiste ein
und markiere den Wortstamm!

Die Tulpen ◯ im Frühling.

Es ◯ ein frischer Wind.

Die Windräder ◯ sich.

*blühen*
*drehen*
*froh*
*fröhlich*
*früh*
*die Kuh*
*das Reh*
*die Reihe*
*wehen*

merke:

*die Blüte*

**4** 🖋 Schreibe die Reimwörter auf!

| wehen | stehen | blühen |
|-------|--------|--------|
| g... | dr... | gl... |
| s... | fl... | spr... |

**5** 🖋 Finde immer längere Wörter!

*Frühstück*       *Frühjahr*
*Frühstückseier*    *Frühjahrsputz*
*Frühstückseier...*    *...*

⭐ 🌐 🖋 Bilde mit Wortbausteinen und den Verben **blühen**, **drehen**
und **wehen** neue Verben. Wer findet am meisten?
*abdrehen, aufdrehen, zu...*

---

**Zum Üben**  Der Ausflug
Die Blumen blühen schon. Es weht noch
ein kalter Wind. Die Kinder sind fröhlich. Sie stehen/
in einer Reihe am Zaun. Sie beobachten Kühe.
Auch Rehe haben sie/heute früh schon gesehen.

---

Wörter mit h am Ende des Wortstammes: Singular und Plural bilden; Verben im Satz
verwenden; Reimwörter finden; zusammengesetzte Substantive bilden; Dosendiktat    **AH** S.45    87

## Ostereier überall

 Diese Osterüberraschungen
könnt ihr selbst basteln.
Welche Ideen habt ihr noch?

So wird der Eierbecher gebastelt:

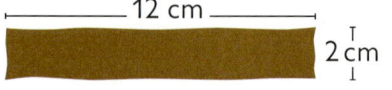

Einen Pappstreifen zusammenrollen
und zusammenkleben.

So wird die Nase gebastelt:

Aus einem Kreis ein Stück ausschneiden,
zusammenrollen und kleben.
Zum Befestigen wird ein Bindfaden
durchgezogen.

 Erkundet alte Osterbräuche und stellt sie vor!

Ich bring dir eine Osterrut'
am Ostermorgen früh,
doch hat mir diese kleine Rut'
gemacht viel Sorg' und Müh'.

Stiep, stiep, Osterei,
ich bitte um ein Kakel-Ei,
gibst du mir kein Osterei,
stiep ich dir das Hemd entzwei!

*In den Dörfern der Lausitz treffen sich zu Ostern die Kinder zum „Waleien".
Woanders sagt man dazu „Eierkullern", „Eierrollen", …*

# Der Natur auf der Spur

Auf dem sonnenwarmen Asphalt
hocken Kröten, abends beim Wald.
Sie haben die Wanderung unterbrochen
und sind auf die warme Fahrbahn gekrochen.
Jetzt sitzen sie da und starren uns an …

Georg Bydlinski

# Rettet die Kröten!

> *Rettet die Kröten!*
> Wir Kinder der Klasse 3 a der Wernsdorfer Grundschule
> treffen uns am Sonnabend, dem 29. März, um 14.00 Uhr
> im Hof der Schule. Von dort gehen wir zur Straße an
> unseren Ortsteich und stellen einen Krötenzaun auf.
> Wir rufen alle Kinder von 9 bis 13 Jahren auf mitzumachen.
> Bringt einen Spaten mit!
> An alte Sachen und an Gummistiefel denken!

**1** 🖊 Nenne wichtige Angaben aus dem Aufruf und schreibe sie auf!
*Aktion: ...        Ort: ...        Zeit: ...*

*Später berichten die Kinder in der Ortszeitung über die Aktion.*

## Kröten gerettet

Auch dieses Jahr retteten wir wieder viele Kröten.
Im März und April wandern die Kröten nämlich
zum Dorfteich. Dabei müssen sie über eine Straße
mit vielen Autos hüpfen. Damit die Kröten nicht
totgefahren werden, bauten wir einen Krötenzaun.
Abends liefen die Kröten am Zaun entlang und
fielen in unsere eingegrabenen Eimer. Jeden Morgen
brachten wir sie dann auf die sichere Straßenseite.

**2** 🖊 Warum wurde der Krötenzaun gebaut?
Schreibe passende Sätze heraus!

⭐ 🖊 Wie wurden die Kröten gerettet?
Schreibe es in Stichpunkten auf!
*Krötenzaun gebaut, ...*

**3** Was ist im Zeitungstext „Kröten gerettet" anders als im Aufruf?

Informationen aus einem Text entnehmen; Stichpunkte aufschreiben;
Textarten vergleichen                                                    **AH** S.46

# So mancher Baum …

So mancher Baum in unsrer Stadt
hat seine Zeit auf Erden satt,
die Luft ist voll Motorenmief
und keine Wurzel reicht so tief,
dass er aus hellen Wassern trinkt,
ein Baum, der uns doch Freude bringt,
wir brauchen ihn mit jedem Blatt,
es braucht ihn eine ganze Stadt,
er soll nur immer geben,
doch wovon soll er leben,
doch wovon soll er leben?

Monika Ehrhardt

**1** Wie geht es manchen Bäumen in der Stadt?
Sprecht über das Gedicht!

**2** Erkundet, wie es Bäumen in eurer Umgebung geht!
Sprecht darüber, was man tun kann,
damit sie noch lange leben!

**3** 🖉 Schreibe auf, was du für Bäume tun willst!
*Ich will …*
*Ich werde …*

> Ich werde für einen Baum eine Patenschaft übernehmen!

*Ein alter Baum erzählt:*
*Vor über 80 Jahren fiel ich als Eichel auf die Erde.*
*Dann fing ich an zu keimen und zu wachsen.*
*Aus einem winzigen Trieb wurde ich zur Mini-Eiche.*
*Jedes Jahr wurde ich größer und dicker.*
*Heute bin ich ein riesiger Baum.*
*Mich besuchen …*

**4** Was könnte die Eiche noch weitererzählen?
🖉 Schreibt es auf und lest es euch gegenseitig vor!

## Natur-Quiz

| | |
|---|---|
| Wer lockert die Erde auf? | die Meise |
| Was lässt die Pflanzen wachsen? | der Regenwurm |
| Wer nistet gern in einem Nistkasten? | der Schnee |
| Was fällt weiß vom Himmel? | das Sonnenlicht |

**1** Schreibe die Fragen ab und beantworte sie in ganzen Sätzen!
Unterstreiche, was erfragt wurde!

*Wer lockert die Erde auf? Der Regenwurm lockert die Erde auf.*
*Was ...*

 Erfindet selbst Fragen mit „Wer?" oder „Was?"
aus dem Bereich der Natur!
Spielt das Quiz mit einem Partner!

**2** Erfragt mit „Wer?" oder „Was?" die markierten Satzglieder!

Max sitzt mit seiner Angel im Boot.
Er sitzt ganz still.
Sein Boot schaukelt leicht im Wind.
Neugierig schwimmt ein Schwan heran.
Kleine Enten schnattern aufgeregt.
Ein Fröschlein quakt am Ufer.
Plötzlich tanzt der Blinker auf und nieder. Ein Fisch hat angebissen.

**3** Schreibe zwei Fragen und die dazugehörigen Antworten auf!

> Sätze sagen etwas über Lebewesen oder Dinge aus.
> Der **Satzgegenstand (das Subjekt)** ist das Satzglied, das auf
> die Frage **„Wer?"** (Lebewesen) oder **„Was?"** (Dinge) antwortet.
> *Wer* lockert die Erde auf? – **der Regenwurm**
> *Was* lässt die Pflanzen wachsen? – **das Sonnenlicht**

| Subjekt | Prädikat | |
|---|---|---|
| Ich | ⬭ | die Tiere. |
| Du | ⬭ | die Tiere. |
| Der Bauer | ⬭ | die Tiere. |
| Wir | ⬭ | die Tiere. |

**1** 🖊 Setze die Verbformen **füttere**, **füttert**, **fütterst** und **füttern**
als Prädikate passend ein!
Unterstreiche das Subjekt, kreise das Prädikat ein!
_Ich (füttere) die Tiere._

**2** Wie hast du die passenden Prädikate ausgewählt? Erkläre!

⭐ 🖊 Bilde zu den Prädikaten **brüten**, **angeln**,
**säubern** und **streicheln** vier Sätze!

**3** 🖊 Was passt zusammen? Schreibe vier Sätze so auf:
_Ich (gehe) jeden Tag zum Storchennest._

jeden Tag zum Storchennest.

Die Jungstörche     Ich

(magst)     viel Futter.     Sie

(brauchen)     auch Störche?

bald aus dem Nest.     Du

(fliegen)     (gehe)

Das Subjekt und das Prädikat müssen zusammenpassen.
_Ich gehe_ …     _Du magst_ …     _Sie fliegen_ …
Subjekt und Prädikat bilden den **Satzkern**.

# Wörter mit ä und äu

 Schreibe die Substantive der Wortleiste
in Einzahl und Mehrzahl auf!
Markiere die Umlaute!

> **Erinnere dich:**
> Manchmal wird **a** zu **ä** und **au** zu **äu**.

das Blatt
das Dach
der Kamm
der Mantel
die Nacht
der Raum
der Stamm
der Traum
der Zaun

merke:

halten
du hältst

**2**  Ergänze die Reime:

ein alter Baum – einige Bäume
ein großer R... – mehrere R...
ein lustiger Tr... – viele Tr...

**3**  Bilde mit den Wortgruppen kurze Sätze!
Unterstreiche die Wortstämme der Verben:

in den Wald <u>fahren</u> – Er <u>fährt</u> in den Wald.
am Rastplatz <u>anhalten</u> – Vater h...
Wasser <u>saufen</u> – Unser Hund s...
ein Stück <u>laufen</u> – Maxi l...

  **Was passt: kurz, lang** oder **warm?**
Ergänze immer das passende Adjektiv
in der richtigen Steigerungsstufe!
Schreibe einige Sätze auf!

Im Frühjahr scheint die Sonne
länger als im Winter.
Darum ist es schon etwas ... als vorher.
Am 20. März ist der Tag so ... wie die Nacht.
Danach werden die Nächte ... als der Tag.
Der ... Tag im Jahr ist der 21. Juni.
Dann ist es manchmal auch am ... .

Verwandte
Wörter:
b**a**cken – B**ä**cker,
M**au**s – M**äu**se ...

... h**a**lten – du h**ä**ltst,
l**au**fen – du l**äu**fst.

**4** Ergänze die Sätze mit Steigerungsstufen der Adjektive!

Eine Nuss ist hart, aber ein Stein ist ...
Ein Löwe ist stark, aber ein Elefant ist...
Brunnenwasser ist kalt, aber Eis ist ...
Tante Ida ist alt, die Oma ist ...,
aber die Uroma ist am ...

> hart – härter – am härtesten

> Schau im Wörterverzeichnis nach!

**5** Schreibe alle Stufen der Adjektive
**hart**, **stark**, **kalt** und **alt** auf!
Unterstreiche die Wortstämme!

**6** Verwende die Wortbausteine **-chen** und **-lein**!

| Substantive | -chen, -lein |
|---|---|
| *der Bach* | *das Bächlein* |
| *der Baum* | *das Bäumchen, das Bäumlein* |
| *das Blatt* | *...* |
| *der Mann* | *...* |

> Machen **-chen** und **-lein** alle Dinge klein?

> Frau- ...chen, Platz- ...chen.

**★** Finde Wörter mit **a** oder **au**,
die verwandte Wörter mit **ä** oder **äu** haben!

**7** Lest den Fehlertext und sucht die drei Fehler!
Erklärt die richtige Schreibweise!

> Bilde die Grundform!

**8** Schreibe den Text ohne Fehler ab!

**Zum Üben** Waldlauf
Lisa fehrt am Wochenende/mit ihren Eltern |
in den Wald. Sie stellen ihre Räder ab/und gehen
ein Stück. Plötzlich leuft Lisa los. Mit wenigen Sätzen |
hat der Vater/sie eingeholt. Er ist ein guter Läufer.
Lisa hält aber mit. Vater schlegt eine Pause vor. |
Sie wollen/auf Mutter warten.

# Mäuschenstill

*Sucht euch draußen einen schönen Platz!*
*Verhalte dich eine Weile mäuschenstill!*
*Was könnt ihr sehen und hören,*
*riechen und fühlen?*

 Schreibe dazu ein Elfchen,
ein Gedicht oder einen kleinen Text!

> Wer mäuschenstill am Bache sitzt, kann hören, wie ein Fischlein flitzt.

> Wer mäuschenstill im Grase liegt, kann hören, wie ein Falter fliegt.

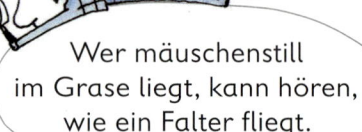

Teich
Dieser Lärm
stört mich nicht.
Ihr seid tolle Sänger!
Quaaaak!

Lest eure Arbeiten vor!
Überarbeitet sie!
Findet passende Bilder dazu
und stellt alles aus!

 Schreibe über deinen Lieblingsplatz in der Natur!
Du kannst ihn auch malen!

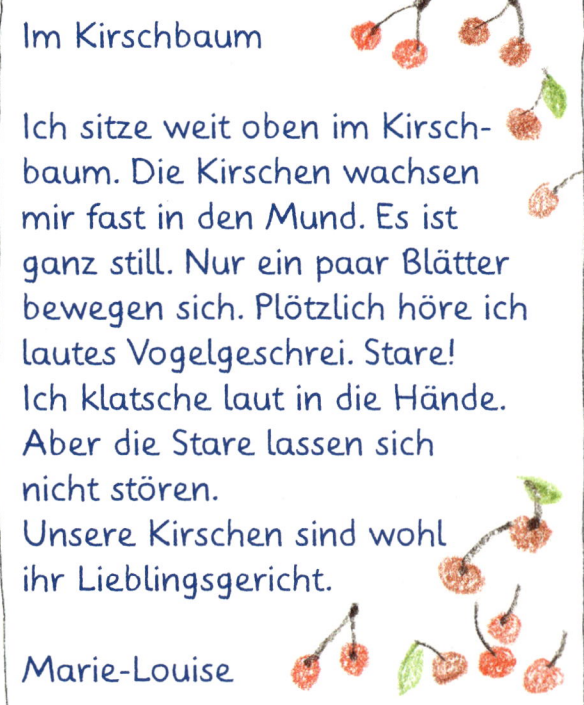

**Im Kirschbaum**

Ich sitze weit oben im Kirschbaum. Die Kirschen wachsen mir fast in den Mund. Es ist ganz still. Nur ein paar Blätter bewegen sich. Plötzlich höre ich lautes Vogelgeschrei. Stare! Ich klatsche laut in die Hände. Aber die Stare lassen sich nicht stören. Unsere Kirschen sind wohl ihr Lieblingsgericht.

Marie-Louise

**Wiese, grüne Wiese**

Auf einem Maulwurfshügel,
da sitzt ein Käfermann.
Er lupft die bunten Flügel
und schaut die Landschaft an.
Sieht Hälmelein an Hälmelein,
wo könnt es, denkt er,
hübscher sein?
Wiese, grüne Wiese.

Peter Hacks

# Wusstest du schon?

Die Mutter erzählte dem Kind im Bett:
„Es war einmal eine Maus,
die riss eines Tages einfach aus …"
Das Kind unterbrach sie erschrocken:
„Hoffentlich nicht unsere,
wie surfe ich sonst durchs Internet!"

Hans Manz

Wie informiert ihr euch?
Tauscht euch darüber aus!

# Was ich alles mit dem Computer machen kann

*Die Klasse hat einen neuen Computer bekommen.*
*Nun überlegen die Kinder, wie sie*
*mit dem Computer umgehen wollen:*

surfen
anklicken
kopieren
herunterladen
einscannen
brennen
speichern

suchen
schreiben
überarbeiten
informieren
anfragen
zeigen
antworten
anhören
ansehen
sortieren
gestalten

**1** 🌐 Tragt im Gespräch zusammen, was man mit einem Computer alles machen kann! Nutzt dazu die Sammelwörter!

**2** Was würdest du gern am Computer machen? Was hast du schon einmal ausprobiert? Was kannst du schon?

⭐ ✏️ Schreibe für Kinder, die noch nicht so gut mit einem Computer umgehen können, eine kurze Bedienungsanleitung! Du kannst auch dazu zeichnen. Beginne so:

*Gerät einschalten*
*Programm anklicken*
*Datei suchen*
. . .

Paul hat eine Geschichte am Computer geschrieben. Jetzt bearbeitet er sie.

**3** Im Text wird beschrieben, welche Arbeitsschritte Paul macht.
Setze die zusammengesetzten Verben als Prädikate ein!

einschalten    Paul (schaltet) den Computer (ein).

anklicken    Dann ( ) er die richtige Datei ( ).

durchlesen    Zuerst ( ) er die Geschichte noch einmal ( ).

ausschneiden    Er ( ) mit der Maus einen Satz ( ).

einsetzen    Dafür ( ) er einen anderen Satz ( ).

umstellen    Auch die Reihenfolge ( ) er ein bisschen ( ).

ausdrucken    Zum Schluss ( ) er die Geschichte ( ).

**4** 🖊 Schreibe die Sätze auf!
Kreise die beiden Teile
der Prädikate ein!

Das Prädikat
hat ja plötzlich
zwei Teile.

**5** Paul erklärt einem Freund,
wie man am Computer arbeitet.
Vergleiche die Prädikate
mit denen in Aufgabe 3!
Was stellst du fest?

„Du (musst) den Computer (einschalten).

Dann (kannst) du die richtige Datei (anklicken)."

Das Verb am
Satzende gehört auch
zum Prädikat.

**6** 🖊 Was könnte Paul seinem Freund noch erklären?
Schreibe Sätze wie in Aufgabe 5!
*auswechseln, einsetzen, anordnen, umstellen,*
*austauschen, einfügen, auswählen*
*Du kannst ... Du darfst ... Du sollst ... Du musst ...*

**7** 🖊 Kreise in deinen Sätzen beide Teile der Prädikate ein!

# Einladung zur Gartenparty

*Alina entwirft am Computer eine Einladung für ihre Gartenparty.*

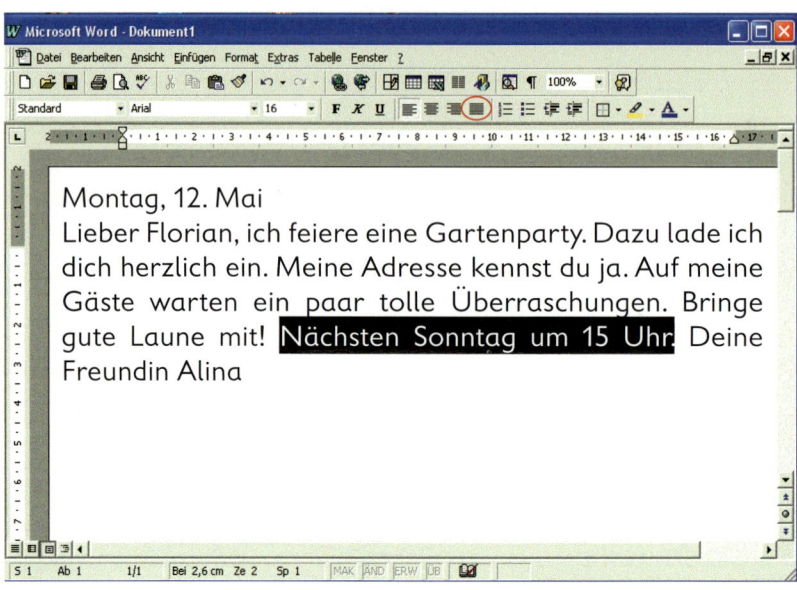

**1**  Alina möchte ihre Einladung noch überarbeiten.
Was würdest du an ihrer Stelle verändern?

1. Überarbeitung

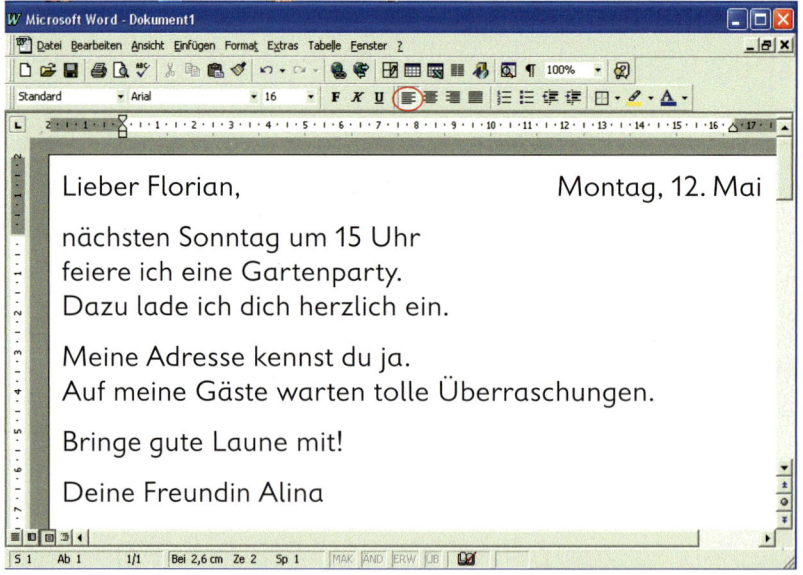

Satz
umstellen

markieren
verschieben
kopieren
löschen

Absatz
einfügen

**2**  Erkläre mit den Fachbegriffen am Rand,
wie Alina den Text überarbeitet hat!

2. Überarbeitung

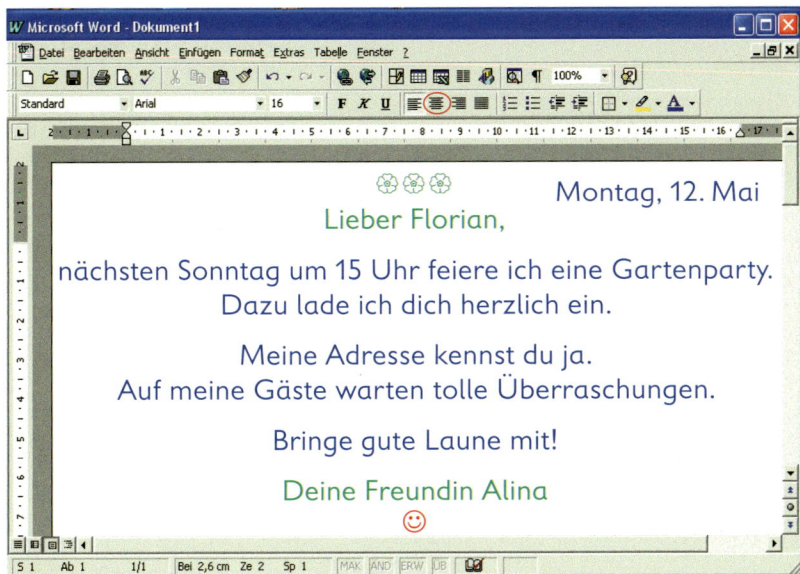

**Schriftgröße**
**Schriftart**
**Schriftfarbe**
**Absätze**

**anordnen/**
**formatieren**

**in Mitte des**
**Blattes setzen/**
**zentrieren**

**Schmuckzeilen**
**Symbole**

**3** Mit der zweiten Überarbeitung hat Alina
ihre Einladung schön angeordnet und gestaltet.
Erkläre mit den Fachbegriffen,
was sie verändert hat!

*„Zentrieren"*
*kommt von „Zentrum".*
*Das bedeutet:*
*Mittelpunkt.*

*Alina möchte auch ihre Freundinnen Julia und Femi*
*und ihre Freunde Max und Murat einladen.*
*Sie überlegt sich zwei Möglichkeiten:*

Ich markiere den Text
mit der Maus.
Dann kopiere ich ihn
in eine neue Datei und
verändere die Anrede.

Ich verändere für jede
Einladung die Anrede
und drucke sie
nacheinander aus.

**4** Sprecht über die zwei Möglichkeiten!

**5** Schreibe selbst einen Text am Computer und gestalte ihn!

★ Welche Möglichkeiten kennst du noch,
Texte am Computer zu gestalten?

# Wörter mit hl, hm, hn, hr

**1**  Löse die Rätsel!
Antworte in ganzen Sätzen!

| Was geht ohne Füße und schlägt ohne Hände? | Wer hört alles und sagt doch nichts? |

*ähnlich
fahren
hohl
ihm
ihn
ihr
kühl
das Ohr
die Uhr
der Verkehr
wahr
wohnen
zählen*

**2** Ordne die Wörter der Wortleiste!

| hl | hm | hn | hr |
|------|------|------|------|
| hohl | ... | ... | ... |

**3** Ergänze die Wortstämme und markiere sie:

| fahren | wohnen | zählen |
|---|---|---|
| der <u>Fahr</u>er | die <u>Wohn</u>ung | abzählen |
| die ...erin | der Be...er | ver...en |
| das ...rad | der Ein...er | der Ab...reim |
| die ...t | be...en | der Z...er |
| der ...schein | ...lich | auf...en |

Der Wortstamm hilft dir beim Schreiben verwandter Wörter!

**4** Suche zu diesen Substantiven verwandte Adjektive in der Wortleiste:
*Ähnlichkeit, Kühlschrank, Höhle, Wahrheit*
Schreibe die Wortpaare auf:
*Ähnlichkeit – ...*

**5** Welches Wort passt zu **Ohr**, welches zu **Uhr**?
*Wurm, Zeit, Ring, Muschel, Zeiger, Laden*
Schreibe zusammengesetzte Substantive:
*der Ohrwurm, ...*

★ Erkläre drei zusammengesetzte Substantive aus Aufgabe 5!

**6** Ergänze passende Adjektive aus der Wortleiste!
*ein ... Abend, eine ... Geschichte, eine ... Nuss, zwei ... Kleider*

**7** 🖊 **wahr** oder **war**? Setze richtig ein und begründe:
*Die Geschichte ist …*
*Die Geschichte … spannend.*

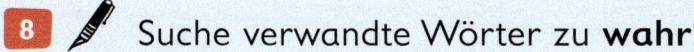

> Ich **war** gestern auch schon hier.

> Ist das **wahr**?

**8** 🖊 Suche verwandte Wörter zu **wahr**!

**9** 🖊 Setze Personalpronomen ein:

Julia gibt **Murat** ein Rätsel auf.
Sie gibt … ein Rätsel auf.
Murat sagt **Julia** die Lösung.
Er sagt … die Lösung.
Julia erklärt **Murat** ein Wort.
Sie erklärt … ein Wort.

**10** 🖊 Bilde zusammengesetzte Substantive,
in denen **Verkehr** das Grundwort ist:
*Der Verkehr auf den Straßen heißt Str…,*
*auf den Schienen …, in der Luft …*

**11** 🖊 Setze nun Substantive zusammen,
in denen **Verkehr** das Bestimmungswort ist!
*die Ampel, das Schild, die Regel, der Polizist*

> Der Fehler im Joker-Wort zählt nicht.

**12** 🖊 Finde zusammengesetzte Substantive, in denen **Stuhl**
mal Grundwort, mal Bestimmungswort ist!

**13** 🖊 Wähle vor der Kontrolle ein Joker-Wort aus!

---

**Zum Üben**

Wie die ersten Menschen lebten
In der Frühzeit/wohnten die Menschen in Höhlen.
Diese waren im Sommer kühl/und im Winter warm.
Ihre Werkzeuge waren sehr einfach.
Die Sonne war ihre Uhr.
Schon sehr früh am Tage/gingen sie zur Jagd.

---

Wortbedeutung zur richtigen Schreibung nutzen; verwandte Wörter finden;
Personalpronomen verwenden; zusammengesetzte Substantive bilden; Fragediktat

103

# Eine Wissensrunde

*Die Klasse 3a hat sich eine Wissenskartei angelegt.*
*Sie kann immer wieder ergänzt werden.*
*Auf den Kärtchen steht vorn eine Frage*
*und auf der Rückseite die Antwort.*

Antwort d:
Zitrone

Welche Frucht enthält viel Vitamin C?

a) Erdbeere
b) Kirsche
c) Johannisbeere
d) Zitrone

Wie heißt der Freund von Lukas dem Lokomotivführer?

a) Ernie
b) Willi
c) Jim Knopf

Antwort c:
Jim Knopf

Was ist das?

a) Tigerfell
b) Zebrafell
c) Sanddünen
d) Mondlandschaft

Welche Hunderasse spielt in einem bekannten Kinofilm eine wichtige Rolle?

a) Dackel
b) Dalmatiner
c) Pudel
e) Schäferhund

Antwort b: Dalmatiner

Antwort b:
Zebrafell

 Fertigt euch auch eine Wissenskartei an!
Nutzt dazu Kinderzeitschriften,
Nachschlagewerke und das Internet!

 Veranstaltet ein Wissensquiz:
Wer soll der Quizmaster sein?
Nach welchen Regeln läuft
das Ratespiel ab?
Wird es Musik, eine Bühne und Preise geben?

FRAGE:
Wie viele Hundejahre sind ein Menschenjahr?

ANTWORT:
7

# Mit Tieren leben

Ich hatte einen Traum,
einen wunderbaren Traum
von einem wunderschönen Baum.
Drauf saß ein kleines Tier,
ein weiches, weißes Tier,
das träumte
von mir.

Martin Auer

Sprich zu dem Bild!
Welche Tiere kennst du?
Erzähle, was du über sie weißt!

# Tierpflege

*Jasmin darf seit zwei Wochen ein Pferd pflegen.*
*In der Schule hält sie einen Vortrag darüber.*

„Mein Hali ist ein besonderes Pferd.
Es ist ein Haflinger. Haflinger kommen aus
den Bergen. Hali hat ein rötlichbraunes Fell.
Seine Mähne und sein Schweif sind hell.
Er ist klein, aber kräftig.
Wenn ich von der Schule komme, hole ich Hali von der Wiese.
Ich muss ihn mit der Pferdebürste striegeln. Seine Mähne kämme ich.
Ich muss ihm auch die Hufe auskratzen und den Stall sauber machen.
Hali frisst Hafer und Heu. Er braucht auch viel Wasser.
Hali schläft im Stehen. Mein Hali ist brav und schlau und hört auf mich.
Er kann viel tragen und sogar einen Wagen ziehen."

*Für ihren Vortrag*
*hatte sich Jasmin*
*Stichpunkte notiert.*

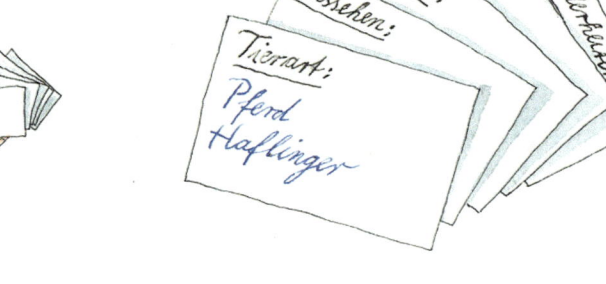

**1** 🖊 Welche Stichpunkte könnte Jasmin für ihren Vortrag
aufgeschrieben haben? Ergänze sie!

**2** 🖊 Bereite einen eigenen Vortrag über dein Lieblingstier vor!

**TIPP** **So gelingt dein Vortrag:**
• Übe vor dem Spiegel oder mit einem Partner!
• Sprich frei nach deinen Stichpunkten!
• Sprich laut, deutlich und langsam!
• Schaue die Zuhörer immer mal wieder an!

 Gestalte ein Plakat zu deinem Vortrag!
Überlege, welche Materialien sich dafür eignen könnten!

**3** Welche Verben passen zu einem **Pferd**,
welche zu einem **Hund** und welche zu einem **Vogel**?
*wiehern, bellen, fliegen, zwitschern,*
*galoppieren, beißen, brüten, springen, knurren*
Zähle auf: *Das Pferd wiehert, galoppiert, …*

**TIPP** Wenn du Wörter aufzählst,
musst du dazwischen immer ein Komma (,) setzen.

**4** Für **wen** holen die Kinder Futter? Ordne die Sätze!

Die Kinder holen …    Reis mit Fleisch für das Pferd.
Milch für den Hahn.
Körner für den Hund.
Heu für die Katze.

**5** **Wem** können Kinder schon allein Futter geben? Finde Beispiele!

**6** Woraus können Kühe, Schweine oder Pferde **fressen** oder **saufen**?
*Das Pferd frisst aus einer Raufe. Es säuft aus …*

der Trog     die Krippe     der Eimer     die Raufe     der Napf

**7** Ergänze die Begleitsätze und setze
die Satzzeichen der wörtlichen Rede!

Die Kinder sollen eine Wiese mit einem grasenden
Pferd malen. Nach einiger Zeit gibt Alex ein
leeres Blatt ab. Die Lehrerin …: Wo ist denn hier
die Wiese? Alex …: Das Pferd hat das Gras schon
aufgefressen. Frau Müller …: Aber ich sehe doch
gar kein Pferd. Alex …: Das ist auf eine andere
Wiese gegangen, auf der es noch Gras gibt.

> sagen
> erklären
> antworten
> erwidern
> entgegnen
> …

 Sammle „tierische Witze"!

# Vogel entflogen!

*Mein Vogel ist weggeflogen. Bitte bringt ihn mir zurück! Es gibt auch eine Belohnung. Tina*

Geht das so?

**1**     Was hältst du von Tinas Suchanzeige?

**2**     Welche Angaben müssten auf dem Zettel stehen,
damit der Finder das Tier erkennen und zurückgeben kann?

- ist ein Wellensittich
- ist hellblau gefiedert
- ist ganz niedlich
- frisst gern Salat
- hat 10 Euro gekostet
- spricht deutsch
- kann sagen, wo er wohnt
- hört auf den Namen Bubi

- kann gut sprechen
- Telefonnummer
- Finder erhält gute Belohnung
- will immer frei fliegen
- schläft auf einem Bein
- bitte abgeben bei Lena Mai, Müllerstr. 10

**3**     Schreibe die Suchanzeige mit den nötigen Angaben auf!

**4**     Beschreibe den Wellensittich genau!
*Schnabel:* ...     *Kopf:* ...
*Bauch:* ...     *Flügel:* ...
*Schwanz:* ...

⭐     Wie könnte eine Suchanzeige
zu deinem Lieblingstier aussehen?

# Seltsame Tiere

**1** Bildet Spaßsätze und lest sie vor!

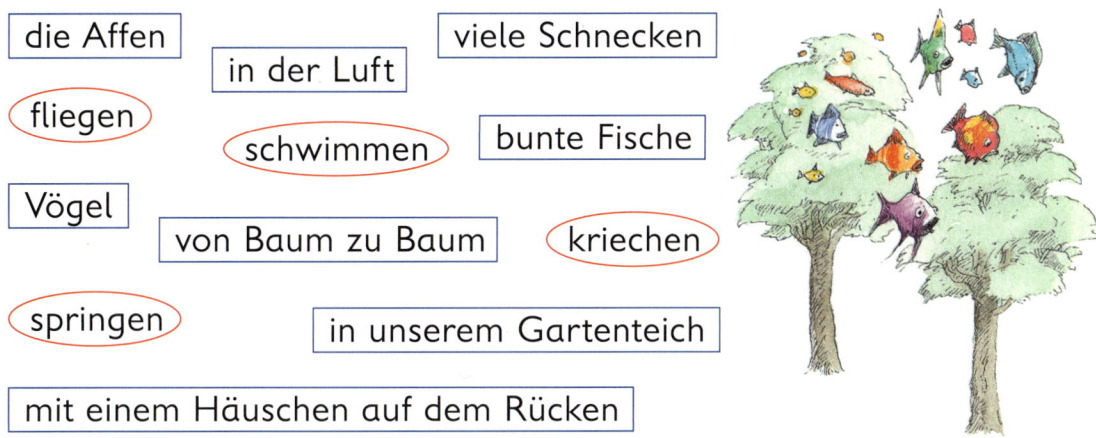

die Affen    viele Schnecken

in der Luft

fliegen

schwimmen    bunte Fische

Vögel

von Baum zu Baum    kriechen

springen    in unserem Gartenteich

mit einem Häuschen auf dem Rücken

**2** Schreibe nun sinnvolle Sätze auf!
Unterstreiche das Subjekt, kreise das Prädikat ein!

*Die Affen springen von Baum zu Baum.*

**3** Vergleicht die Subjekte! Was fällt euch auf?

**4** Finde die Satzkerne der Sätze und schreibe sie auf!

*Die Affen springen. …*

**5** Erfragt in jedem Satz das Subjekt!

In Südamerika lebt ein seltsamer Vogel.
Dieser Vogel heißt Hoatzin.
Er ähnelt einem Urzeitvogel.
Den Vogeljungen wachsen Klauen
an den Flügeln. Bei Gefahr halten
sie sich damit an den Zweigen fest.

★ Sammle weitere lustige, seltsame oder interessante Informationen
aus der Welt der Tiere!

# Wörter mit ie und ieh

**1** ✏️ Welche Tiere mit **ie** sind gemeint?

Es fängt mit **B** an,
hat fünf Buchstaben und ist fleißig.

Es fängt mit **F** an,
hat sechs Buchstaben und ist lästig.

Es fängt mit **Z** an,
hat fünf Buchstaben und meckert.

**Wortleiste:**

der Brief
fliegen
frieren
hier
liefern
das Papier
riechen
schieben
tief
das Vieh
ziehen
das Ziel
zielen

**2** ✏️ Ergänze die Reimwörter:

| das Ziel | die Biene |
| das Sp… | die Sch… |
| schief | vier |
| t… | h… |

Wörter mit langem **i-Laut** werden meist mit **ie** geschrieben.

⭐ ✏️ Übe die Substantive aus der Wortleiste!
Denke dir eine eigene Übung aus!

**3** ✏️ Suche zu jedem Verb aus der Wortleiste verwandte Wörter!
*liegen, du liegst, die Liege, …*

**4** ✏️ Ergänze **ziehen, anziehen, ausziehen, überziehen**!
Verwende jedes Wort nur einmal!
*den Wagen …, die Strümpfe …,
die Jacke …, die Schuhe …*

**5** ✏️ Bilde aus den Verben der Wortleiste
und den Wortbausteinen **ver-, ab, be-** und **vor** neue Wörter!
Wähle dir zwei davon aus und schreibe Sätze!

Warum bleibt **verschieben** im Satz zusammmen?

**ver-** ist eine Vorsilbe und kein Wort.

Wörter mit ie und ieh: Rätsel lösen; Reimwörter; verwandte Wörter finden;
Verben passend zuordnen; Verben zusammensetzen/ableiten     **AH** S. 59

**6** 🖋 Schreibe die Sätze richtig auf!

Das Schaf zieht den Wagen.
Das Pferd liegt auf der Eisscholle.
Der Hund kommt in den Briefkasten.
Der Eisbär riecht seinen Herrn.
Der Brief liefert uns Wolle.

**7** 🔤 Wo findest du die meisten Stichwörter?
Bei **nie**, **lie**, **rie** oder **zie**?

**8** 🖋 Wie heißen die verwandten Verben zu
**Ziel**, **Spiel**, **Fliege**, **Sieg**, **Sieb**, **Schieber**?
Markiere immer den Wortstamm!
*das Ziel, zielen, …*

**9** 🖋 Was ist **schief**, was ist **tief**?
*der See, der Turm, der Strich, die Grube, der Zaun*
Wähle aus und schreibe die Antworten auf!

**10** 🖋 Wie geht es weiter? Ergänze die Sätze!
*Wer siegt, ist ein Sieger oder eine Siegerin.*
*Wer dient, ist …*
*Wer spielt, ist …*
*Wer verliert, ist …*

⭐ 🖋 Finde Verben, mit denen du ähnliche Sätze
wie in Aufgabe 10 bilden kannst!

Wenn ich rieche, bin ich dann ein Riecher?

Wenn ich liebe, bin ich dann eine Liebe?

**Zum Üben**
Im Tierpark
Heute sind die Bären/unser Ziel. Sie liegen/in
der Sonne. Da fliegt ein Stück Papier/in den Käfig.
Ein alter Bär steht auf/und schiebt es hin und her.
Er riecht an dem Papier und brummt. Ist das hier/
ein Brief an Vater Bär?

## Tierspiele

Hier sind die Reimpaare durcheinandergeraten:

Es war einmal ein Elefant,

die war schon lange in Rente.

Es war einmal eine Ziege,

das saß auf einem Herd.

Es war einmal eine Ente,

die schlief fest in einer Wiege.

Es war einmal ein Pferd,

das war sauber und rein.

Es war einmal ein Schwein,

der war im ganzen Land bekannt.

 Schreibe auch Reimpaare für so ein Spiel!

 Ihr könnt euch auch ein Tier-Legespiel basteln:
* Überlegt euch zuerst Wortzusammensetzungen,
  in denen Tiere vorkommen, zum Beispiel: *Katzen-Auge,*
  *Wasser-Hahn, Hasen-Fuß, Hühner-Auge, Pferde-Apfel, …*
* Fertigt nun zu jedem Wort ein Kärtchen an!
  Ihr könnt kleben oder malen.
* Legt die Spielregeln für das Legespiel fest!

# Bücher, Bücher ...

Lesen heißt auf Wolken liegen
oder wie ein Vogel fliegen.
Such dir aus, was dir gefällt!
Schau von oben in die Welt!

Christa Zeuch

Text wird illustriert,
es entstehen Buchseiten

Text wird in
der Redaktion
eines Verlages
besprochen

Buch wird in
der Druckerei
gedruckt und
gebunden

Autorin
oder Autor
hat eine
Buch-Idee

Buch kann nun
gekauft und
gelesen
werden

Die Bilder zeigen dir, wie ein Buch entsteht und weiterlebt.
Sprich dazu!
Worüber möchtest du mehr erfahren?

# Bücher früher und heute

In manchen Museen kann man sehr alte
Bücher sehen. Ihre Bucheinbände bestehen
aus hölzernen Deckeln. Sie werden oft
mit Metallschließen zusammengehalten.
Die Buchseiten sind prachtvoll gestaltet.
Diese Bücher stammen aus dem Mittelalter.
Sie wurden von Mönchen mühsam mit der
Hand geschrieben. Die Herstellung eines
Buches dauerte Jahre. Daher gab es nur
sehr wenige, sehr kostbare Bücher.

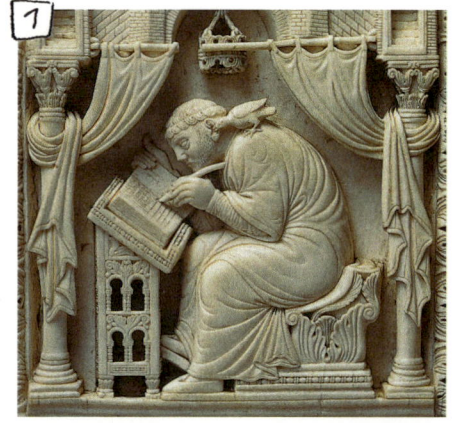

Durch die Erfindung des Buchdrucks konnte
man später viel schneller Bücher herstellen.
Die Texte wurden mit beweglichen Blei-
buchstaben zusammengestellt. Sie wurden mit
Druckerschwärze eingefärbt und danach mit
der Druckerpresse auf Papierbögen gedruckt.

Heute werden Texte und auch Bilder für
ein Buch direkt in den Computer eingegeben.
Sie werden in einer modernen Druckerei
gedruckt und zu einem Buch gebunden.

**1** Welche Informationen
sind für dich neu?
Lies sie vor!

**2** Ordnet die Bilder
den Textabschnitten zu!
Woran erkennt ihr es?

**3** Finde zu jedem Abschnitt
eine Überschrift und schreibe sie
mit einem passenden Satz
aus dem Text auf!

**4** 🖊 Ergänze die Verben mit den passenden Vorsilben!

Viele Bücher stehen im Regal.
Wir wissen schon, wie Bücher …stehen.
Sehr alte Buchdeckel können aus Holz …stehen.
Wir …stehen, dass viele alte Bücher sehr kostbar sind.

ent-
ver-
be-

**5** 🖊 Bilde aus den Wörtern zusammengesetzte Substantive!
*Schulbücher, Malbücher, …*

Schule      malen      Kinder      Märchen

basteln      Sache      BÜCHER      hören

Abenteuer      Wörter      kochen      Rätsel      Telefon

**6** Wähle drei Bücher aus und erkläre, warum sie so heißen!

⭐ Welches Buch aus Aufgabe 5 sieht nicht wie ein Buch aus?
Finde es heraus und erkläre es!

**7** 🖊 Schreibe den Text ab und setze passende Verben
mit den Vorsilben **be-**, **ver-**, **ent-** oder **er-** ein!

Zuerst müssen wir über
unser Buchprojekt …                     raten
Aber wir wollen noch nichts …
Unser Buch wird viele Geschichten …   halten
Alle sollen ein Exemplar …
Jedes Kind soll ein Tier …            schreiben
Beim Text will sich keiner …

**8** 🌍 Wonach wählst du ein Buch aus, das du lesen möchtest?
Klärt die Begriffe und sprecht darüber!
*Autor oder Autorin, Titel, Inhalt, Bilder, Buchumschlag,
Seitenzahl, Größe, Gewicht, Schriftgröße, Verlag*

**9** 🖊 Schreibe drei Begriffe auf, die für deine Auswahl
besonders wichtig sind! Begründe!

Verben ableiten und im Satz verwenden; zusammengesetzte Substantive bilden;
sich über Kriterien zur Buchauswahl austauschen       **AH** S. 62

# Ein kleines Buchprojekt

*Bücher kann man kaufen, ausleihen, aber auch selber machen.
Die Kinder der Klasse 3 a hatten eine lustige Idee für ein
Buchprojekt. Hier siehst du zwei Seiten aus diesem Buch.*

Das Bikazel
Das Bikazel wird bis zu 1 m groß und
3 m lang. Es frisst Haare, Papier und
Federtaschen. Die Bikazele kommen aus
Südamerika und werden mindestens
100 Jahre alt.
Jedes Jahr schlüpfen 3 Bikazelchen
aus einem blauen Ei. Sie haben ein
kuscheliges Fell und fühlen sich im
Arbeitszimmer von meinem Papi wohl.
                                Sandra

Der Namisok
Der Namisok wird bis zu 4,99 m groß und frisst
Besen, Nugat, Brötchen und Blumen. Er wird bis zu
1000 Jahre alt. Er kommt aus China. Am liebsten
trinkt er Cola, Ziegenmilch und Tee. Das Mutterdier
der Namisoks bringt ein Namisoklein mit grün-
schwarzem Fell und rot-blauer Farbe zur Welt.
Namisoks bleiben meist bis Mitternacht draußen und
sind sehr lieb.
                                Alexander

*Ihr könnt auch so ein Buchprojekt machen:*

**1** 🖊 Schreibe auf ein Blatt sieben Buchstaben: immer abwechselnd
einen Mitlaut und einen Selbstlaut. Zum Beispiel Kesahat.
So heißt nun dein Tier.
Überlege: der …, die… oder das Kesahat?

**2** Male dein Tier möglichst groß
in ein Viereck von 8 cm mal 8 cm hinein!
Schneide es dann aus!

**3** Überlege dir, wo dein Tier leben soll!
Suche dazu aus alten Katalogen oder
Zeitschriften ein passendes Bild heraus,
schneide es aus und klebe darauf dein Tier!

**4** 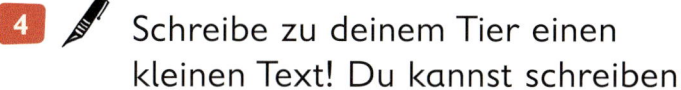 Schreibe zu deinem Tier einen
kleinen Text! Du kannst schreiben:
- wie dein Tier heißt,
- wie groß es ist,
- was es frisst,
- wo es lebt,
- wie es sich verhält,
- …

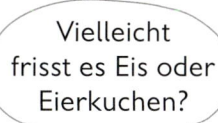
Vielleicht frisst es Eis oder Eierkuchen?

*Das mutige Kalimor*
*Das Kalimor war traurig. Alle hatten Angst vor seinen Glitzer-stacheln. Doch eines Tages kam ein riesiger Hai in die Höhle. Alle Fische riefen:„Hilfe! Hilfe! Ein Hai!" Das Kalimor wurde wach und stellte seine Glitzer-stacheln auf. Der Hai war ge-blendet und haute ganz schnell ab. Von dem Tag an hatte das Kalimor viele Freunde.*

 Welches Abenteuer hat dein Tier erlebt?

**5** Bereite ein Zeichenblatt nach diesem Muster vor:
Klebe dein Bild und deinen überarbeiteten Text ein!

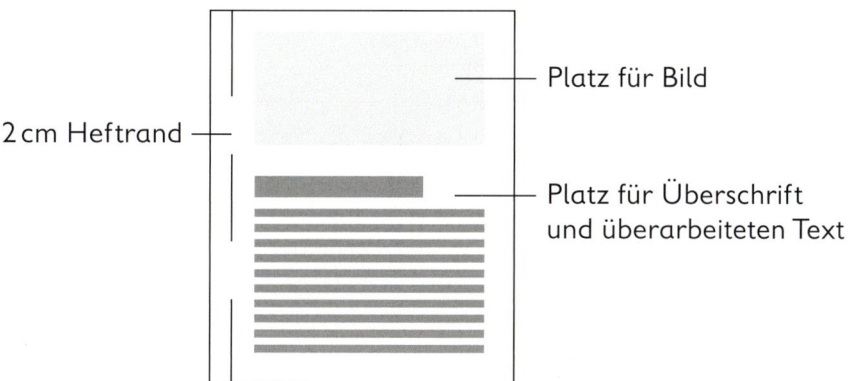

2 cm Heftrand

Platz für Bild

Platz für Überschrift
und überarbeiteten Text

**6** Aus diesen Seiten soll nun ein Buch werden.
Schreibt in einer sinnvollen Reihenfolge auf,
was ihr tun müsst:
- das Buch zusammenbinden,
- die Seiten lochen oder kleben,
- einen Buchtitel erfinden,
- die Seiten nummerieren,
- den Buchdeckel gestalten.

Woran muss man denken, wenn alle Kinder dieses Buch haben wollen?

# Wörter mit ß

**Buchlesung**
Die Kinder fahren mit der <u>Straßenbahn</u>
in die <u>große</u> Bücherei. Dort <u>begrüßt</u> sie
die Bibliothekarin. Sie hat eine <u>spaßige</u> Geschichte
mit einem Delfin ausgesucht. Er <u>heißt</u> Nilo.

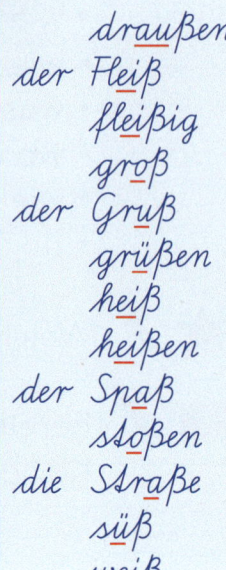

dr<u>au</u>ßen
der Fleiß
fl<u>ei</u>ßig
gr<u>o</u>ß
der Gruß
gr<u>ü</u>ßen
h<u>ei</u>ß
h<u>ei</u>ßen
der Spaß
st<u>o</u>ßen
die Str<u>a</u>ße
s<u>ü</u>ß
w<u>ei</u>ß

**1** Suche zu den unterstrichenen Wörtern im Text
verwandte Wörter aus der Wortleiste.
*die Straßenbahn – die Straße, …*

**2** Ordne die Wörter aus der Wortleiste
richtig ein! Ein Wort bleibt übrig.

| Substantive | Verben | Adjektive |
|---|---|---|
| der Fleiß | grüßen | fleißig |
| … | … | … |

**3** Setze das Verb mit den Bausteinen zusammen!

Hicks!

| | | |
|---|---|---|
| **ab-** | **ge-** | **an-** |
| **auf-** | **weg-** | **zer-** |

**stoßen**

★ Verwende die zusammengesetzten Verben
in Sätzen! Was fällt dir auf?

**4** Was passt zu **Stoß** und was zu **Straße**?
*Dämpfer, Spiel, Zahn, Land, Stange*
*der Stoßdämpfer, …*

**5** Wie heißt das Gegenteil?
Schreibe die Gegensatzpaare auf!

| | | |
|---|---|---|
| *drinnen – draußen* | *sauer – …* | *schwarz – …* |
| *kalt – …* | *klein – …* | |

Wörter mit ß: verwandte Wörter finden; Wortarten ordnen,
Verben ableiten; zusammengesetzte Substantive bilden; Gegensatzpaare finden

# Wörter mit ss und ß

**1** 🖊 Ordne die Wörter der Wortleiste!
Markiere die langen (_) und die kurzen
Selbstlaute (.). Was fällt dir auf?

| ss | ß |
|---|---|
| essen | er aß |

**ss** steht nur nach
kurzem Selbstlaut.

**ß** kann nur nach
einem langen Selbstlaut
oder Zwielaut stehen.
Wörter mit **ß** muss man
sich merken.

**2** 🖊 **au** oder **ei**? Markiere die Zwielaute vor **ß**!

dr ■ ßen, b ■ ßen, fl ■ ßig, h ■ ßen

⭐ 🖊 Schreibe mit jedem Wort aus Aufgabe 2
einen Satz!

**3** 🖊 Ergänze die Verbformen!
Die Wortleiste hilft dir dabei.
Markiere die langen und kurzen Selbstlaute!

| Grundform | Präsens | Präteritum |
|---|---|---|
| fließen | er fließt | er floss |
| ... | er isst | ... |
| ... | ... | er wusste |
| ... | er lässt | ... |

**Wortleiste:**

er aß
essen
sie biss
beißen
der Fluss
fließen
er hieß
heißen
sie ließ
lassen
er riss
reißen
sie saß
sitzen
er vergaß
vergessen
sie weiß
wissen

---

**Zum Üben** 🖊

⚀ Die neue Bücherei heißt Leseraupe.
⚁ Lisa wartet draußen auf Ina.
⚂ Ina hat ihre Leserkarte vergessen.
⚃ Jan lässt sich als Leser eintragen.
⚄ Sina begrüßt alle Kinder.
⚅ Frau Bach wünscht allen viel Spaß.

---

# Wir stellen unser Buch einem Publikum vor

*Die Kinder wollen ihr Buch einem Publikum vorstellen.*
*Sie beraten, was alles zu bedenken ist:*

⭐ 🌐 Bereitet nun eure Veranstaltung vor!

⭐ 🌐 Bastelt lustige Tiere für eure Ausstellung!
Welche Ideen habt ihr noch?

⭐ 🌐 Überlegt, was mit eurem Tierbuch geschehen soll!

# Im Sommer

Im Sommer möchte ich
eine Möwe sein,
die ihre weißen Federn
über blaue Meere trägt ...

Elisabeth Borchers

Bald sind Ferien.
Wovon träumen die Kinder?
Wovon träumst du?

# Sommer – Sonne – Wanderwetter

**1** 🖊 Setze eines der Beispiele fort!

| | |
|---|---|
| S – Sonne | S – so schön warm |
| O – Obstsalat | O – ... |
| M – Meer | M – ... |
| M – ... | M – ... |
| E – ... | E – ... |
| R – ... | R – ... |

*Tim hat sich im Internet über das Wetter an der Ostseeküste informiert.*

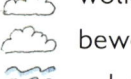 sonnig
wolkig
bewölkt
nebelig
Regen
Gewitter

| | Freitag | Samstag | Sonntag |
|---|---|---|---|
| morgens | ☀ | ⛅ | 〜 |
| mittags | ⛅ | ☁ | 🌧 |
| abends | 🌧 | ⛈ | ☀ |

**2** Sage, wie das Wetter am Freitag, Samstag und Sonntag ist!

**3** 🖊 Welche Substantive stecken in den Adjektiven **wolkig**, **nebelig**, **sonnig**? Schreibe so: *wolkig, die Wolke, ...*

**4** 🖊 Finde zu den Substantiven passende Adjektive, die auf **-ig** oder **-lich** enden!
*Schmutz, Freund, Glück, Zorn, Sport, Punkt*
*der Schmutz – schmutzig, ...*

> Was schwierig ist, ist ganz schön schwer.

⭐ 🖊 Bilde zu den Substantiven **Hunger**, **Furcht**, **Wasser** Adjektive mit **-ig** oder **-lich**! Was fällt dir auf?

> Aus manchen Substantiven kann man Adjektive ableiten, wenn man die **Nachsilben -ig** oder **-lich** an den Wortstamm anhängt.
>
> *der Saft – saft*ig*, der Sommer – sommer*lich

Akrostichon schreiben; Tabelle deuten;
abgeleitete Adjektive mit den Suffixen -ig und -lich kennen lernen    **AH** S.66

Unser Wanderweg
geht steil in die Höhe.
Er zieht sich in die Länge.
Wir sollen immer in der Nähe
der anderen bleiben.
Vom Gipfel aus können wir in die Tiefe,
aber auch in die Weite blicken.

**5** Von welchen Wörtern sind die farbigen Substantive abgeleitet?
Schreibe so: *die Höhe – hoch, die ...*

**6** Schreibe passende Sätze zu den Bildern!
*Der Berg ist 75 m hoch.*
*Die Höhe des Berges beträgt 75 m.*
*...*

Höhe des Berges: 75 m

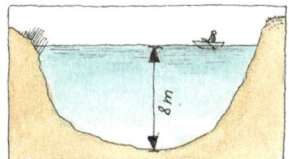
Tiefe des Sees: 8 m

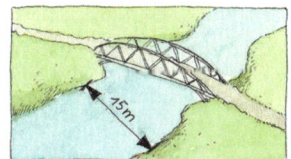
Breite des Flusses: 15 m

★ Wie hoch ist ein Berg, wie tief ist ein See, wie breit ist ein Fluss
in deiner Umgebung?

**7** Setze die Adjektive passend ein!

Papa springt in das ... Wasser.                    tief
Ich beiße in den ... Apfel.                          saftig
Die Urlauber freuen sich über ... Wetter.            sommerlich
Nach der ... Wanderung machen sie Rast.              lang
Der Bergsteiger klettert auf den ... Berg.           hoch

# Gewittergeschichten – Schauergeschichten

**1** Ordnet den ersten drei Bildern passende Sätze zu und schreibt sie auf!

1. Der Gewittersturm heult und pfeift durch den Wald.
2. Plötzlich ziehen dunkle Wolken am Himmel auf.
3. Die Kinder wandern durch den Wald zum See.
4. Dann hören sie auch schon Donnergrollen.
5. Regen prasselt vom Himmel.
6. Es ist ein warmer, sonniger Tag.
7. Es blitzt und kracht.
8. Alle flüchten in die Schutzhütte.
9. Der kühle Schatten im Wald ist angenehm.

Mir läuft ein Schauer über den Rücken.

Regnet es denn?

**2** ✏ Wie endet die Geschichte?
Schreibe eigene Sätze! Male zu deiner Geschichte!

**3** ✏ Welche Überschrift würde zu deiner Geschichte passen?

⭐ Erkundige dich, wie man sich bei einem Gewitter verhalten muss!

einer Bildfolge Sätze in der richtigen Reihenfolge zuordnen;
Geschichte weiterschreiben; Überschrift finden

# Ferienwunschprogramm

**1** Welche Ferienwünsche haben diese Kinder?

**2** 🖊 Stelle dir ein Ferienwunschprogramm
für eine Woche zusammen!

baden gehen
lange schlafen
schmökern
wegfahren
den ganzen Tag …
mit … treffen

⭐ 🖊 Welchen Tipp kannst du anderen Kindern
für die Feriengestaltung geben?
• Was kostet nicht viel?
• Was ist interessant oder spannend?
• Wo erhältst du Informationen?
Schreibe deinen Ferien-Tipp auf und hänge ihn aus!

**3** 🖊 Worauf freut sich Lukas besonders? Löse die zwei Rätsel!

# Wörter mit aa, ee, oo

 Im Winter toben wir gerne im Schnee.
Im Sommer baden wir lieber im See.

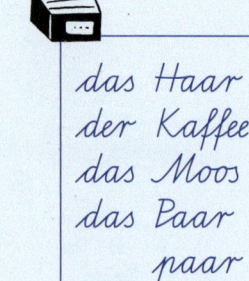
*das Haar*
*der Kaffee*
*das Moos*
*das Paar*
*paar*
*der Saal*
*der See*
*der Tee*

**1** 🖊 Dichte auch solche Reimsätze!
Verwende **Tee – Klee, Aal – Saal, Paar – Haar**!

**2** 🖊 Wähle immer ein Substantiv aus der Wortleiste
und setze es als Brückenwort ein!
*das Katzenhaar, die Haarspange, …*

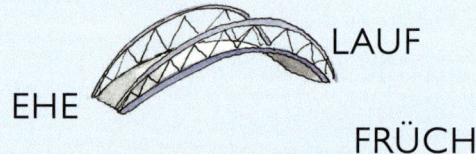

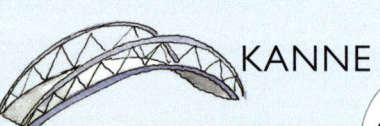

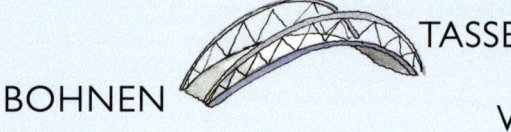

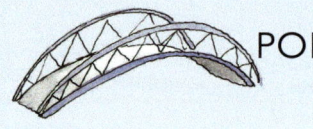

Merkst du dir die Wörter mit **aa**, **oo**, **ee**, küsst dich eine gute …

**3** Lies die Wörter: **Teeei, Seeelefant, Kaffeeernte, Zooordnung**!
Wo kommen die Buchstabendrillinge her?

⭐ Erkundige dich, wie man diese Wörter noch schreiben kann!

**4** 🖊 **Paar** oder **paar**?
Sprecht über die Bedeutung dieser Wörter!
Verwendet sie richtig!
*ein paar Tage, ein Paar Schuhe, ein … Minuten*
*ein … Schlittschuhe, ein … Stifte, ein … Handschuhe*

**5** 🖊 Überlege dir eine Regel, wann du **paar** oder **Paar** verwendest!
Schreibe sie auf!

# Abgeleitete Wörter richtig schreiben

**1** ✏ Welche Adjektive mit den Nachsilben
**-ig** oder **-lich** kannst du von den blauen Substantiven ableiten?

Wie sagt man, wenn Gefahr droht?
Wenn jemand Eile hat,
wenn jemand in Ruhe oder mit Hast arbeitet,
oder wenn wir etwas alle Tage tun?

Unterstreiche die Wortstämme und schreibe so:
*die Gefahr, gefährlich, ein gefährliches Spiel …*

Ich sage doch
ruh<u>ich</u>?

Ja, aber du musst **-ig**
schreiben. Verlängere das Wort,
wenn du unsicher bist:
ruhig – ruhige Plätze,
pünktlich – pünktliche Schüler.

**2** ✏ Wann schreibt man das Wort klein, wann groß?
Erklärt es und diktiert euch die Sätze!

tief – Tiefe
Wir kamen an eine tiefe Schlucht.
Alle blickten in die Tiefe.

nass – Nässe
Die nasse Erde klebte an den Schuhen.
Die Nässe hatte den Boden klebrig gemacht.

**3** ✏ Trage diese Wortfamilien in eine Tabelle ein
und markiere die Wortstämme:
*Falter, faltig, falten, der Rost, rostig, rosten,
Saft, entsaften, saftig, Ruhe, unruhig, ausruhen*

| Verb | Substantiv | Adjektiv |
|---|---|---|
| falten | die Falte | faltig |
| … | der … | … |

# Geräusch-Geschichten

*Die Kinder der Klasse 3a haben sich etwas Besonderes ausgedacht.*
*Ihre Gewitter-Geschichten von Seite 124 haben sie*
*mit Musikinstrumenten und anderen Geräuschen*
*noch spannender gemacht.*

  Wie könnt ihr diese Geräusche darstellen:
*Donner kracht, Regen plätschert, der Sturm heult,*
*die Blätter rascheln, die Kinder rennen, …*
Probiert es aus!

  Und so wird es eine Geräusch-Geschichte:
Ein Erzähler liest seine Gewitter-Geschichte vor.
Bei den Wörtern Blitz, Donner, Sturm, Regen
hält er an, und die Kinder machen die Geräusche.

Ich nehme alles auf!

  Probiert noch andere Geräusche aus, zum Beispiel:
*Feuer knistert, Regen fällt, Pferde trappeln,*
*Scherben klirren, Gespenstergeräusche …*

  Mit Geräuschen könnt ihr ohne Worte
ganze Geschichten erzählen. Wie hört es sich an,
• wenn Papa morgens aufsteht,
• wenn Mutti in der Küche arbeitet, …

Denkt euch noch andere Geräusch-Geschichten aus!

# Bist du fit?

*Am Ende des Schuljahres wollen die Kinder*
*wieder ein Sprachfest veranstalten.*
*Sie werden an sieben Stationen arbeiten.*

**Eintritts-karte**

ein langer Sommersatz mit vielen Adjektiven

**1. Station: Beschreiben**

**2. Station: Adjektive**

Hier gibt es süße Bonbons!

Meine Bonbons sind viel süßer!

**3. Station: Verben**

**4. Station: Wörtliche Rede**

**5. Station: Satzglieder**

**6. Station: Tipps und Tricks**

Für Rechtschreib-detektive!

**7. Station: Geschichten**

?

## 1. Station: Beschreiben

Indianer     Vogel     Elefant     Löwe

**1** 🖊 Wie heißen diese Masken?
Schreibe es auf und kennzeichne immer das Bestimmungswort!
*die Indianermaske, ...*

**2** Wähle eine Maske aus
und beschreibe sie genau.
Nutze dazu passende
Substantive und Adjektive!

> Die Maske hat schwarze Striche auf der Wange und ein buntes Stirnband.

> Das ist die Indianermaske!

**3** Schminkt euch gegenseitig!

**4** 🖊 Schreibe auf ein Blatt, wie das Gesicht eines Kindes aussieht!
Verrate aber seinen Namen nicht!

**5** Hängt eure Beschreibungen auf und ratet,
welches Kind gemeint ist!

**6** 🖊 Überlege dir zu deinem Schminkgesicht
eine kleine Geschichte!
*Ich heiße ...*
*Ich komme aus/von ...*
*Stell dir vor, was ich erlebt habe.*

> Ich bin Lars vom Mars.

Wenn du etwas beschreibst, soll sich das
ein anderer genau vorstellen können.
Verwende treffende Verben, Substantive und Adjektive!

## 2. Station: Adjektive

**1** Wählt euch etwas vom Marktstand aus und preist es an!
Nutzt dabei die **Grundstufe**, **Mehrstufe** und **Meiststufe**!
Wem fällt dazu am meisten ein?

teuer

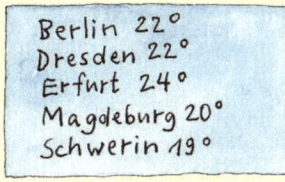

warm

hoch

**2** Denke dir zu den Bildern Vergleiche aus!

*Äpfel sind genauso teuer wie ...*
*Die Bananen sind ... als Äpfel.*
*Die Kirschen sind am ...*

> Schlagt im Wörterbuch nach, wie **hoch**, **alt** und **gut** gesteigert werden!

**Adjektive** kann man steigern.

| Grundstufe | Mehrstufe | Meiststufe |
|---|---|---|
| klein | kleiner | am kleinsten |

Adjektive helfen uns, etwas zu vergleichen.

    *Tim ist älter als sein Bruder.*

aber: *Er ist so alt wie sein Freund.*

## 3. Station: Verben

**1**  Setze die Verben **sein, gehen, fahren, haben, heißen, dürfen, schimpfen** in das Präteritum! Das Wörterbuch hilft dir dabei:

*sein – er war, …*

In meiner Klasse … 35 Schüler.
Mädchen und Jungen …
in getrennte Klassen.
Ich … immer
mit dem Fahrrad zur Schule.
Wir … einen sehr strengen Lehrer.
Er … Herr Meier.
Wir … keine Fehler machen.
Er … uns sonst sehr.

In meiner Klasse … 24 Schüler.
Mädchen und Jungen …
zusammen in eine Klasse.
Ich … immer
mit dem Bus zur Schule.
Wir … eine sehr nette Lehrerin.
Sie … Frau Bach.
Wir … manchmal Fehler machen.
Sie … uns auch nicht.

**2** Setze die Verben aus Aufgabe 1 in den richtigen Zeitformen ein!
Schreibe beide Texte auf!

**3** Welches Substantiv passt zu welchem Verb?
Schreibe die Paare auf! Unterstreiche immer den Wortstamm!

| backen | decken | öffnen | donnern |

| der Öffner | der Donner | die Decke | der Bäcker |

**Verben** können in verschiedenen **Zeitformen** stehen.

**Gegenwart (Präsens):** *Heute* **regnet** *es.*  jetzt

**Vergangenheit (Präteritum):** *Gestern* **regnete** *es.*  früher

Von manchen Verben kann man Substantive ableiten.
Sie gehören zu einer Wortfamilie.

# 4. Station: Wörtliche Rede

**1** ✏️ Bilde mit den Wortbausteinen
und dem Verb **rufen** Wörter!
Setze sie passend ein und schreibe die Sätze
mit den richtigen Satzzeichen auf!

| auf | an | zu |
| --- | --- | --- |

| rufen |
| --- |

Tim ⬭ Mutti ⬭:„Ich bin es, Tim ▮"

Die Eltern ⬭ dem Kind ⬭: „Pass auf ▮"

Die Lehrerin ⬭ Tim ⬭: „Kennst du die Antwort ▮"

Ich habe große Neuigkeiten für euch.

Wir bekommen einen neuen Mitschüler.

Max

Er ist in unser Haus gezogen und hat es mir erzählt.

Welche denn?

Paul

Woher weißt du das?

Mascha

Das ist doch super!

Anne

erzählen
fragen
rufen
antworten
bitten
sagen
flüstern

**2** ✏️ Schreibe das Gespräch der Kinder
mit passenden Begleitsätzen auf!

*Max erzählt: „..."*

Die **wörtliche Rede** steht in **Anführungszeichen**.
Vor der **wörtlichen Rede** kann ein **Begleitsatz** stehen.

*Lisa fragt:*    „Wie war es?"

—————— :    „............................?"

Begleitsatz      wörtliche Rede

## 5. Station: Satzglieder

| | | | |
|---|---|---|---|
| ⚀ Luzie | ⚀ finden | ⚀ ein Baumhaus | ⚀ im Wald |
| ⚁ Willi | ⚁ bauen | ⚁ eine Torte | ⚁ auf dem Mars |
| ⚂ Frau Bach | ⚂ suchen | ⚂ eine Pappnase | ⚂ im Ballon |
| ⚃ der Detektiv | ⚃ malen | ⚃ den Hauptpreis | ⚃ unter der Dusche |
| ⚄ ich | ⚄ kaufen | ⚄ ein Raumschiff | ⚄ auf dem Dach |
| ⚅ du | ⚅ verstecken | ⚅ eine Zahnspange | ⚅ hinter einer Bude |

Manchmal entstehen auch Quatsch-Sätze!

**1** ✏ Würfle einen Satz und schreibe ihn auf!
Achtung: Das Verb musst du noch beugen!

**2** ✏ Stelle deinen Satz so oft wie möglich um!

**3** ✏ Frage nach dem Subjekt und unterstreiche es,
frage nach dem Prädikat und umkreise es!

**4** ✏ Wie viele Satzglieder hat dieser Satz?
Stelle den Satz so oft wie möglich um!
Prüfe, welche Wörter immer zusammenbleiben!

| Kleine | Kinder | essen | gerne | große | Eistüten | . |
|---|---|---|---|---|---|---|

> Satzbausteine, die beim Umstellen immer zusammenbleiben,
> heißen **Satzglieder**.
> Nach **Satzgliedern** kann man fragen.
> Nach dem **Subjekt** fragt man „**Wer?**" oder „**Was?**"
> Nach dem **Prädikat** fragt man „**Was tut …?**"

# 6. Station: Tipps und Tricks

**1** Verlängere die Wörter!
das Sie**b** – die Sie**b**e → **b**
die Han**d** – die Hän**d**e → **d**
er frag**t** – fra**g**en → **g**
gel**b** – gel**b**er Stift → **b**

**2** **Doppelte Mitlaute** können nur nach kurzem Selbstlaut stehen: *kennen, fallen.*

**4** Bist du nicht sicher ob **groß** oder **klein**, setze **Artikel** davor ein!

**3** Findest du ein **verwandtes Wort** mit **a** oder **au**?
tr**äu**men – Tr**au**m → **äu**
Geb**ä**ck – b**a**cken → **ä**

**5** Wenn man den **Wortstamm** einer **Wortfamilie** kennt, kann man ganz viele Wörter richtig schreiben.

---

**1** Lest den Fehlertext und sucht die vier Fehler! Erklärt die richtige Schreibweise! Die Tipps helfen euch.

Pläne für den Sommer
Tim freut sich auf die ferien. |
In einer Woche/fehrt er zu seiner Tante. |
Sie lept/auf einem Reiterhof. |
Tim will dort/Reitstunden nehmen.
Das wolte er/schon immer einmal machen. |

**2** Schreibe den Text richtig auf!

**3** Manche Wörter muss man sich einfach merken. Der Lernwörterfächer hilft dir beim Üben.

# 7. Station: Geschichten

**Fantasie-Geschichte**
Welche Abenteuer könnten
die Kinder im Ballon erleben?
Schreibe auch Gespräche,
Gedanken und Gefühle
der Kinder auf!

**Weitergeb-Geschichte**
Einer schreibt einen Anfangssatz
und gibt ihn weiter.
Der Nachbar schreibt einen Satz dazu
und reicht das Blatt weiter.
Vergesst nicht das Ende der Geschichte!
Gebt ihr eine Überschrift!
Ihr könnt euch einen eigenen Anfangssatz
ausdenken oder diesen Anfang nehmen:
*Als ich heute zum Bäcker ging,
kam mir der Teig entgegen.*

> Ich schreibe den Anfangssatz.

> Die Sätze müssen gut zueinander passen.

**1** 🖊 Schreibe eine **Fantasie-Geschichte**
oder schreibt eine **Weitergeb-Geschichte**!

Eine Geschichte hat mehrere Teile:
**Überschrift, Einleitung, Hauptteil** und **Schluss.**
Prüfe:
• Stimmt die Reihenfolge?
• Fehlt etwas oder ist etwas überflüssig?
• Werden treffende Wörter verwendet?
• Wechseln die Satzanfänge ab?
• Gibt es Wortwiederholungen?
• Ist die Überschrift passend?

## 8. Station: ⭐

Diese Begriffe hast du schon gelernt.
Hier sind sie nach dem Alphabet geordnet.

| | | | |
|---|---|---|---|
| • **A**djektiv | S. 21, 80, 81, 122 | • **N**achsilbe | S. 122 |
| • **A**rtikel | S. 8, 65 | • **P**ersonalpronomen | S. 31 |
| • **A**ufforderungssatz/ | | • **P**rädikat | S. 62, 63, 93, 99 |
| Aufruf | S. 19, 23 | • **P**räsens | S. 30, 42 |
| • **A**ussagesatz | S. 19, 23 | • **P**räteritum | S. 30, 42 |
| • **B**estimmungswort | S. 9 | • **S**atzglied | S. 48, 49 |
| • **E**inzahl | S. 19 | • **S**atzkern | S. 93 |
| • **E**ndung | S. 19 | • **S**ubjekt | S. 92, 93 |
| • **F**ragesatz | S. 19, 23 | • **S**ubstantive | S. 8, 9, 65, 122 |
| • **G**rundstufe | S. 81 | • **V**erb | S. 18, 19, 42, 52, 65 |
| • **M**ehrstufe | S. 81 | • **W**ortfamilie | S. 65 |
| • **M**ehrzahl | S. 19 | • **W**örtliche Rede | S. 74 |
| • **M**eiststufe | S. 81 | • **W**ortstamm | S. 42 |

Was weißt du über Satzglieder?

???

**1** 🌐 Stellt euch abwechselnd fünf solcher Fragen!
Für jede richtige Antwort gibt es einen Punkt,
für eine falsche Antwort einen Strich.
Zur Kontrolle könnte ihr auf
den angegebenen Seiten nachlesen!

Hast du an den
Stationen gut gearbeitet?
Dann bist du fit
für die 4. Klasse!

Herzlichen
Glückwunsch!

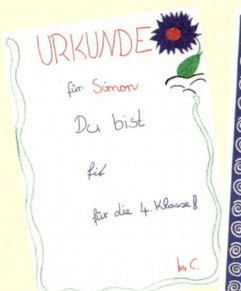

URKUNDE
für Simon
Du bist
fit
für die 4. Klasse!
bu C.

Urkunde
MAX
Du bist fit für
die 4. Klasse!!!

URKUNDE
für
Leona
Du bist fit
für die 4. Klasse!

# Wörterverzeichnis

## A a

**ab**, ab|fahren, auf und ab

der **Abend**, die Aben|de,
abends

**aber**

**acht**

die **Ad|di|ti|on**, ad|die|ren

das **Ad|jek|tiv**
(Eigenschaftswort),
die Ad|jek|ti|ve

**ähn|lich**, die Ähn|lich|keit

**al|le**, al|les

**al|lein**

**als**, grö|ßer als

**alt**, äl|ter, am äl|tes|ten

**am**

**an**

**an|de|re**, an|ders,
die an|de|ren Kin|der

**än|dern**, die Än|de|rung

der **An|fang**, die An|fän|ge

**an|fan|gen**, du fängst an,
er fing an,
er hat an|ge|fan|gen

die **Angst**, ängst|lich

der **Ap|fel**, die Äp|fel

der **April**, der April|scherz

die **Ar|beit**, die Ar|bei|ten

**ar|bei|ten**, du ar|bei|test,
sie ar|bei|tet,
sie ar|bei|te|te, ar|beits|los

der **Ar|bei|ter**, die Ar|bei|ter

die **Ar|bei|te|rin**,
die Ar|bei|te|rin|nen

der **Arm**, die Ar|me

der **Är|mel**, die Är|mel

der **Ar|ti|kel** (Begleiter),
die Ar|ti|kel

der **Arzt**, die Ärz|te

die **Ärz|tin**, die Ärz|tin|nen

der **Ast**, die Äs|te

**auch**

**auf**

**auf|pas|sen**, ich pas|se auf,
du (er) passt auf;
Passt auf! Pass auf!

der **Au|gust**

**aus**

das **Au|to**, die Au|tos

## B b

**ba|cken**, du bäckst,
er bäckt, er buk oder
back|te, ge|ba|cken

der **Bä|cker**, die Bä|cker

die **Bä|cke|rin**,
die Bä|cke|rin|nen

das **Bad**, die Bä|der,
**ba|den**, du ba|dest,
sie ba|det, sie ba|de|te

die **Bahn**, die Bah|nen
**bald**, bald kom|men

der **Bal|kon**, die Bal|kons

der **Ball**, die Bäl|le

das **Band**, die Bän|der

die **Bank**, die Bän|ke
**bas|teln**, ich bast|le,
du bas|telst, er bas|telt,
er bas|tel|te, der Bast|ler

die **Bat|te|rie**, die Bat|te|ri|en
**bau|en**, du baust, er baut

der **Bau|er**, die Bau|ern

die **Bäu|e|rin**,
die Bäu|e|rin|nen

der **Baum**, die Bäu|me

die **Bee|re**, die Bee|ren
**bei**
**bei|ßen**, du (er) beißt,
er biss, sie bis|sen,
ge|bis|sen, der Biss
**bel|len**, er bellt
**be|ob|ach|ten**,
du be|ob|ach|test,
er be|ob|ach|tet,
er be|ob|ach|te|te,
die Be|ob|ach|tung

der **Berg**, die Ber|ge, ber|gig,
berg|ab, der Berg|mann

der **Be|richt**, be|rich|ten,
du be|rich|test,
sie be|rich|tet,
sie be|rich|te|te
**bes|ser**, bes|se|re,
am bes|ten,
sein bes|ter Freund
**be|stim|men**,
du be|stimmst,
er be|stimmt

der **Be|such**, die Be|su|che
**be|su|chen**, du be|suchst,
sie be|sucht

der **Be|trieb**, die Be|trie|be

das **Bett**, die Bet|ten
**be|we|gen**,
du be|wegst dich,
er be|wegt sich,
be|weg|lich,
die Be|we|gung

das **Bild**, die Bil|der

ich **bin** (Grundform: sein)
**bin|den**, du bin|dest,
sie bin|det, sie band,
ge|bun|den, die Bin|de,
das Band

die **Bir|ne**, die Bir|nen
**bis**, bis morgen

ein **biss|chen**
**bit|ten**, du bit|test,
er bit|tet, er bat, ge|be|ten,
die Bit|te

das **Blatt**, die Blät|ter, blät|tern
**blau**, blau|er Him|mel
**blei|ben**, du bleibst,
du bliebst, sie blieb,
ge|blie|ben
**blin|ken**, du blinkst,
er blinkt, er blink|te,
der Blin|ker

der **Blitz**, die Blit|ze,
**blit|zen**, es blitzt
**blü|hen**, die Blu|me blüht,
sie blüh|te, ge|blüht

die **Blu|me**, die Blu|men

die **Blü|te**, die Blü|ten

der **Bo|den**, die Bö|den
**bö|se**, bö|ser,
am bö|ses|ten
**brau|chen**, du brauchst,
er braucht, du brauch|test
**braun**, ein brau|ner Hut
**bre|chen**, du brichst,
sie bricht, sie brach,
ge|bro|chen, der Bruch
**breit**, brei|ter,
am brei|tes|ten, die Brei|te
**bren|nen**, das Feu|er
brennt, es brann|te,
ge|brannt, der Brand
der **Brief**, die Brie|fe
die **Bril|le**, die Bril|len
**brin|gen**, du bringst,
er bringt, du brach|test,
ge|bracht
das **Brot**, die Bro|te
die **Brü|cke**, die Brü|cken
der **Bru|der**, die Brü|der
**brül|len**, du brüllst,
sie brüllt, sie brüll|te,
das Ge|brüll
**brum|men**, du brummst,
er brummt, brum|mig
**bunt**, bun|ter,
am bun|tes|ten
die **Burg**, die Bur|gen
der **Bür|ger|meis|ter**,
die Bür|ger|meis|ter,
die Bür|ger|meis|te|rin
der **Bus**, die Bus|se
die **But|ter**, das But|terbrot

## C c

der **Cent**, die Cents
das **Cha|mä|le|on**,
die Cha|mä|le|ons
der **Chor**, die Chö|re
das **Christ|kind**,
der Christ|baum
der **Clown**, die Clowns
der **Com|pu|ter**,
die Com|pu|ter
der **Cow|boy**, die Cow|boys

## D d

**da**
**da|bei**, ich war da|bei
das **Dach**, die Dä|cher
der **Da|ckel**
**däm|mern**, es däm|mert,
die Däm|me|rung
der **Dampf**, die Dämp|fe,
damp|fen
**dan|ken**, du dankst,
du dank|test, er dank|te,
ge|dankt, der Dank
**dann**
**da|ran**, da|rin, da|rü|ber
**da|rum**
**das**, das Buch
**dass**; ich glaube, dass …
das **Da|tum**, die Da|ten
**dau|ern**, es dau|ert lan|ge
die **De|cke**, die De|cken
der **De|ckel**, die De|ckel
**de|cken**, du deckst,
sie deckt
**den|ken**, du denkst,
er denkt, du dach|test,
er dach|te, ge|dacht
**denn**
**der**, des, dem, den
**deutsch**,
die deut|sche Spra|che,
er spricht Deutsch
der **De|zem|ber**
**dick**, di|cker, am dicks|ten
**die**, die Blu|me
der **Diens|tag**, diens|tags
**dies**, die|se, die|ser, die|ses
**dir**, ich hel|fe dir
die **Di|vi|si|on**, di|vi|die|ren
**doch**
**don|nern**, es don|nert,
der Don|ner
der **Don|ners|tag**,
don|ners|tags
das **Dorf**, die Dör|fer
**dort**, dort|hin
**drau|ßen**

**dre|hen**, du drehst,
sie dreht, sie dreh|te
**drei**, die Drei
das **Drei|eck**, die Drei|e|cke
**drü|cken**, du drückst,
er drückt, der Drü|cker,
der Druck
**du**
**dun|kel**,
ein dunk|ler Raum
**dünn**, dün|ner,
am dünns|ten
**durch**, durch|ei|nan|der
**dür|fen**, du darfst,
sie darf, ihr dürft,
du durf|test, sie durf|te

## E e

die **Ecke**, die Ecken, eckig
das **Eich|hörn|chen**,
die Eich|hörn|chen
**ein**, ei|ner, ei|ne, ei|nes,
ei|nem, ei|nen
**ei|ni|ge**, ei|ni|ge Men|schen
**ein|mal**, noch ein|mal
**eins**
**ein|zeln**, ein|zel|nen
das **Eis**, der Eis|be|cher,
der Eis|berg
die **El|tern**
das **En|de**, zu En|de, end|lich
**eng**, en|ger, am engs|ten
die **En|te**, die En|ten
**er**
**er|klä|ren**, du er|klärst,
er er|klär|te,
die Er|klä|rung
die **Ern|te**, ern|ten,
ich ern|te, du ern|test,
sie ern|tet, sie ern|te|te,
ge|ern|tet
**ers|te**, sein ers|ter Satz
**er|zäh|len**, du er|zählst,
er er|zählt, die Er|zäh|lung
**es**
**es|sen**, du (er) isst, er aß,
ge|ges|sen; Iss!

das **Es|sen**, die Es|sen
**et|was**, et|was an|de|res
**eu|er**, eu|re Auf|ga|be
die **Eu|le**, die Eu|len
der **Eu|ro**, die Eu|ros

# F f

die **Fah|ne**, die Fah|nen
**fah|ren**, du fährst,
er fährt, er fuhr,
ge|fah|ren, der Fah|rer,
die Fahrt
das **Fahr|rad**, die Fahr|rä|der
der **Fall**, die Fäl|le
die **Fal|le**, die Fal|len
**fal|len**, du fällst, sie fällt,
sie fiel
**falsch**, ein fal|sches Wort
**fan|gen**, du fängst,
er fängt, er fing,
ge|fan|gen, der Fang
**fas|sen**, du (er) fasst,
er fass|te
**fast** (beinahe)
der **Fe|bru|ar**
**feh|len**, du fehlst,
sie fehlt, ge|fehlt
der **Feh|ler**, die Feh|ler
die **Fei|er**, die Fei|ern, fei|ern,
du fei|erst, er fei|ert
das **Feld**, die Fel|der
das **Fens|ter**, die Fens|ter
die **Fe|ri|en**
**fer|tig**
**fest**, fes|ter, am fes|tes|ten
das **Fest**, die Fes|te
**fett**, fet|tig, das Fett
das **Feu|er**, die Feu|er, feu|ern
der **Film**, die Fil|me
**fin|den**, du fin|dest,
sie fand, ge|fun|den,
der Fin|der, der Fund
der **Fisch**, die Fi|sche
der **Fi|scher**, die Fi|scher
**flach**, fla|cher,
am flachs|ten
die **Flä|che**, die Flä|chen

die **Fla|sche**, die Fla|schen
das **Fleisch**, flei|schig
der **Fleiß**, flei|ßig
die **Flie|ge**, die Flie|gen
**flie|gen**, du fliegst,
er fliegt, er flog, ge|flo|gen
**flie|ßen**, es fließt,
es floss, der Fluss
der **Flug**, das Flug|zeug
der **Flur**, die Flu|re
die **Fo|lie**, die Fo|li|en
**fort**, er geht fort
**fra|gen**, du fragst,
er fragt, er frag|te,
ge|fragt, die Fra|ge
die **Frau**, die Frau|en
**frei**, ein frei|er Platz
der **Frei|tag**, frei|tags
**fres|sen**, du (es) frisst,
es fraß, das Fres|sen
die **Freu|de**, freu|dig
sich **freu|en**, du freust dich,
er freut sich
der **Freund**, die Freun|de
die **Freun|din**,
die Freun|din|nen
**freund|lich**,
die Freund|schaft
der **Frie|den**, fried|lich,
zu|frie|den sein
**frie|ren**, du frierst,
sie friert, du frorst,
sie fror, ge|fro|ren
**frisch**, fri|scher,
am fri|sches|ten
der **Fri|seur**, die Fri|seu|re
die **Fri|seu|rin**,
die Fri|seu|rin|nen
**froh**, fro|her,
am fro|hes|ten, fröh|lich
**früh**, frü|her, der Früh|ling
der **Fuchs**, die Füch|se
**füh|ren**, du führst,
er führt, er führ|te
**fünf**
**für**
**fürch|ten**, du fürch|test,
er fürch|tet, die Furcht

der **Fuß**, die Füße
das **Fut|ter**
**füt|tern**, du füt|terst,
sie füt|tert, du füt|ter|test,
er füt|ter|te

# G g

die **Gans**, die Gän|se
**ganz**, ein gan|zer Tag
die **Ga|ra|ge**, die Ga|ra|gen
**gar** kein, gar nicht
der **Gar|ten**, die Gär|ten,
der Gärt|ner
das **Gas**, die Ga|se
**ge|ben**, du gibst, er gibt,
ihr gebt, du gabst,
er gab, ge|ge|ben; Gib!
Gebt!
der **Ge|burts|tag**,
die Ge|burts|tags|fei|er
**ge|fal|len**, du ge|fällst,
sie ge|fällt, du ge|fielst,
sie ge|fiel
**ge|gen**
**ge|hen**, du gehst,
er geht, du gingst,
er ging, ge|gan|gen
**gelb**, gel|bes Papier
das **Geld**
das **Ge|mü|se**
**ge|müt|lich**, ge|müt|li|cher,
am ge|müt|lichs|ten
**ge|nau**, ge|nau|er,
am ge|nau|es|ten
**ge|nug**, ge|nü|gend
**ge|ra|de**, ge|ra|de|aus,
die Ge|ra|de
das **Ge|schäft**,
die Ge|schäf|te
das **Ge|schirr**
**ges|tern**, ges|tern Abend,
ges|tern früh
**ge|sund**, die Ge|sund|heit
**ge|we|sen**,
er ist bei mir ge|we|sen
der **Ge|winn**, die Ge|win|ne,
der Ge|win|ner

ge|win|nen, du ge|winnst,
sie ge|winnt, sie ge|wann,
ge|won|nen,

das **Ge|wit|ter**, die Ge|wit|ter,
es ge|wit|tert

das **Ge|würz**, die Ge|wür|ze
**gie|ßen**, du (er) gießt,
er goss, ge|gos|sen,
der Guss, die Güs|se
**glän|zen**, er glänzt,
der Glanz

das **Glas**, die Glä|ser,
der Gla|ser
**glatt**, die Glät|te, glät|ten
**glü|hen**, der Ofen glüht

das **Gras**, die Grä|ser
**gra|tu|lie|ren**,
du gra|tu|lierst,
sie gra|tu|liert,
du gra|tu|lier|test,
sie gra|tu|lier|te
**grau**, ein grau|er Man|tel
**groß**, grö|ßer,
am größ|ten, die Grö|ße
**grün**, grü|nes Gras

die **Grup|pe**, die Grup|pen
der **Gruß**, die Grü|ße
**grü|ßen**, du (er) grüßt,
er grüß|te, ge|grüßt

die **Gur|ke**, die Gur|ken
**gut**, bes|ser, am bes|ten,
ein gu|ter Schü|ler

# H h

das **Haar**, die Haa|re
**ha|ben**, ich ha|be,
du hast, er hat,
du hat|test, er hat|te,
sie hat|ten, ihr hat|tet,
ge|habt
**halb**, ein hal|ber Apfel,
die Hälf|te

der **Hals**, die Häl|se
**hal|ten**, du hältst, sie hält,
du hiel|test, sie hielt,
ge|hal|ten, der Hal|ter

die **Hand**, die Hän|de

**hän|gen**, du hängst,
er hängt, er hing,
ge|han|gen
**hart**, här|ter,
am här|tes|ten

der **Ha|se**, die Ha|sen
das **Haus**, die Häu|ser
**he|ben**, du hebst,
sie hebt, du hobst,
sie hob, ge|ho|ben

das **Heft**, die Hef|te
die **Hei|mat**, der Hei|mat|ort
**heiß**, hei|ßer,
am hei|ßes|ten
**hei|ßen**, ich hei|ße,
du heißt, er heißt, er hieß
**hei|zen**, du heizt,
sie heiz|te, die Hei|zung
**hel|fen**, ich hel|fe, du hilfst,
er hilft, ihr helft,
er half, ge|hol|fen,
der Hel|fer, die Hil|fe
**hell**, hel|ler, am hells|ten
**her**, he|rauf, he|rein,
he|rü|ber, he|run|ter

der **Herbst**, herbst|lich
der **Herd**, die Her|de
der **Herr**, die Her|ren,
herr|lich

das **Herz**, die Her|zen,
herz|lich
**heu|te**, heu|te Mor|gen,
heu|te Abend, heu|te früh
**hier**

der **Him|mel**
**hin**, hi|naus, hi|nein,
hi|nü|ber, hi|nun|ter
**hin|ten**, hin|ten ste|hen
**hin|ter**, hin|ter dem Haus

der **Hirsch**, die Hir|sche
**hoch**, hö|her,
am höchs|ten, die Hö|he,
ein ho|her Berg
**hohl**, ein hoh|ler Zahn,
die Höh|le
**ho|len**, du holst, er holt

das **Holz**, die Höl|zer, hol|zig
**hö|ren**, du hörst, er hört

das **Huhn**, die Hüh|ner
der **Hund**, die Hun|de
der **Hun|ger**
**hüp|fen**, du hüpfst,
er hüpft, du hüpf|test,
er hüpf|te, ge|hüpft

# I i

**ich**

der **Igel**, die Igel
**ihm**, ihm hel|fen
**ihn**, ihn se|hen
**ih|nen**,
ih|nen et|was ge|ben
**ihr**, ih|res, ih|rem, ih|ren
**ih|re**, ih|rer
**im**
**im|mer**
**in**
**in|nen**, in|nen und au|ßen
**ist**, er ist da (Grundform:
sein), aber: er isst
(Grundform: essen)

# J j

die **Ja|cke**, die Ja|cken
**ja|gen**, du jagst, er jagt,
aber: die Jagd, der Jä|ger

das **Jahr**, die Jah|re
der **Ja|nu|ar**
**jetzt**
der **Ju|li**
**jung**, jün|ger, am jüngs|ten
der **Jun|ge**, die Jun|gen
der **Ju|ni**

# K k

der **Kaf|fee**
der **Ka|kao**
**kalt**, käl|ter,
am käl|tes|ten, die Käl|te
der **Kamm**, die Käm|me,
käm|men, du kämmst dich,
er kämmt sich
der **Ka|nal**, die Ka|nä|le

die **Kan|ne**, die Kan|nen
die **Kar|te**, die Kar|ten
die **Kar|tof|fel**, die Kar|tof|feln
der **Kä|se**
die **Kas|se**, die Kas|sen,
kas|sie|ren
die **Kas|set|te**, die Kas|set|ten
der **Kas|ten**, die Käs|ten
die **Kat|ze**, die Kat|zen
der **Kel|ler**, die Kel|ler
**ken|nen**, du kennst,
sie kennt, du kann|test,
sie kann|te, ge|kannt
die **Ket|te**, die Ket|ten
das **Kind**, die Kin|der
das **Ki|no**, die Ki|nos
**kip|pen**, du kippst,
der Kip|per, kipp|lig
die **Kir|sche**, die Kir|schen
die **Klas|se**, die Klas|sen
**kle|ben**, es klebt,
es kleb|te, ge|klebt,
der Kle|ber
das **Kleid**, die Klei|der
**klein**, klei|ner,
am kleins|ten, der Klei|ne
**klet|tern**, ich klet|te|re,
du klet|terst, sie klet|tert,
du klet|ter|test,
sie klet|ter|te
**klop|fen**, du klopfst,
er klopft
**klug**, klü|ger, am klügs|ten
die **Knol|le**, die Knol|len
der **Kof|fer**, die Kof|fer
**kom|men**, du kommst,
er kommt, du kamst,
er kam, ge|kom|men
**kön|nen**, du kannst,
sie kann, du konn|test,
du könn|test, sie konn|te,
ge|konnt
der **Kopf**, die Köp|fe
der **Korb**, die Kör|be
die **Kraft**, die Kräf|te, kräf|tig
die **Krä|he**, die Krä|hen
der **Kran**, die Krä|ne
**krank**, der Kran|ke

der **Kreis**, die Krei|se
die **Kü|che**, die Kü|chen
der **Ku|chen**, die Ku|chen
die **Kuh**, die Kü|he
**kühl**, küh|ler, am kühls|ten,
küh|len, der Küh|ler
**kurz**, kür|zer,
am kür|zes|ten, kür|zen,
die Kür|ze

# L l

**la|chen**, du lachst, er lacht
die **Lam|pe**, die Lam|pen
**lang**, län|ger,
am längs|ten, die Län|ge,
lang|sam
**las|sen**, du (sie) lässt,
er ließ, ge|las|sen
**lau|fen**, du läufst,
er läuft, er lief, ge|lau|fen,
der Lauf, der Läu|fer
**le|ben**, du lebst, sie lebt,
sie leb|te, das Le|ben,
le|ben|dig
**le|cken**, du leckst, er leckt,
le|cker
**leer**, ein lee|rer Bus
**le|gen**, du legst, sie legt
der **Leh|rer**, die Leh|rer
die **Leh|re|rin**,
die Leh|re|rin|nen
**leicht**, leich|ter,
am leich|tes|ten
das **Lei|nen** (Stoff)
**lei|se**, lei|ser, am lei|ses|ten
**ler|nen**, du lernst, er lernt
**le|sen**, du (er) liest, er las,
ge|le|sen
**letz|te**, zu|letzt
**leuch|ten**, es leuch|tet,
der Leuch|ter, das Licht
die **Leu|te**
das **Licht**, die Lich|ter
die **Lie|be**
**lie|ben**, du liebst, sie liebt,
sie lieb|te, am liebs|ten
das **Lied**, die Lie|der

**lie|fern**, ich lie|fe|re,
du lie|ferst, er lie|fert,
die Lie|fe|rung
**lie|gen**, du liegst, sie liegt,
du lagst, sie lag, ge|le|gen,
die Lie|ge
**links**, die lin|ke Hand
das **Loch**, die Lö|cher, löch|rig
der **Löf|fel**, die Löf|fel
**lö|sen**, du (er) löst,
er lös|te, die Lö|sung
die **Luft**, luf|tig
**lus|tig**, lus|ti|ger,
am lus|tigs|ten, die Lust

# M m

**ma|chen**, du machst,
er macht
das **Mäd|chen**, die Mäd|chen
der **Mai**, das Mai|glöck|chen
**ma|len**, du malst, sie malt,
der Ma|ler, ein Bild ma|len,
aber: Kaffee mah|len
**man**
**man|che**, man|cher,
manch|mal
der **Mann**, die Män|ner
der **Man|tel**, die Män|tel
die **Mar|ke**, die Mar|ken
der **Markt**, die Märk|te
der **März**, der Mär|zen|be|cher
die **Ma|schi|ne**,
die Ma|schi|nen
die **Maus**, die Mäu|se
das **Meer**, die Mee|re
**mehr**, meh|re|re,
die Mehr|zahl
**mein**, mei|ne
**meist**, das meis|te,
meis|tens
die **Men|ge**, die Men|gen
der **Mensch**, die Men|schen
**mer|ken**, du merkst,
er merkt
**mes|sen**, du (sie) misst,
sie maß, ge|mes|sen;
Messt! Miss!

das **Mes|ser**, die Mes|ser
**mich**
die **Mie|te**
die **Milch**
**mir**, das Buch ge|hört mir
**mit**
die **Mit|te**, in der Mit|te
der **Mitt|woch**, mitt|wochs
**mö|gen**, ich mag,
du magst/möch|test,
sie mag/möch|te,
sie moch|te
der **Mo|nat**, die Mo|na|te
der **Mon|tag**, mon|tags
die **Mon|ta|ge**, mon|tie|ren
das **Moos**, die Moo|se
**mor|gen**, mor|gens,
mor|gen Abend,
mor|gen früh,
der **Mor|gen**, am Mor|gen
**Müh|le**, die Müh|len
der **Müll**
die **Mul|ti|pli|ka|ti|on**,
mul|ti|pli|zie|ren
die **Mu|sik**
**müs|sen**, du musst,
er muss, du muss|test,
er muss|te
die **Müt|ze**, die Müt|zen

## N n

**nach**, nach Hau|se
**nächs|te**,
das nächs|te Mal
die **Nacht**, die Näch|te,
nachts
**nä|hen**, du nähst, er näht,
er näh|te, die Naht
der **Na|me**, die Na|men
**nass**, nas|ses Gras,
die Näs|se
**ne|ben**, ne|ben|ei|nan|der
**neh|men**, du nimmst,
sie nimmt, du nahmst,
sie nahm, ge|nom|men

**nen|nen**, du nennst,
er nennt, du nann|test,
er nann|te
**nicht**, gar nicht, nichts
**nie|mand**
**noch**
das **No|men** (Namenwort/
Substantiv)
der **No|vem|ber**
**nun**
**nur**
die **Nuss**, die Nüs|se

## O o

das **Obst**
**oder**
**of|fen**,
ein of|fe|nes Fens|ter
**öff|nen**, du öff|nest,
er öff|net, der Öff|ner,
die Öff|nung
**oft**, oft|mals
**oh|ne**, oh|ne mich,
oh|ne dich, oh|ne ihn,
oh|ne sie
das **Ohr**, die Oh|ren
der **Ok|to|ber**
der **On|kel**, die On|kel
der **Ort**, die Or|te

## P p

**paar** (einige),
ein paar Kü|he
das **Paar**, ein Paar Schu|he
(zwei zusammen-
gehörende Schuhe)
**pa|cken**, du packst,
sie packt, das Päck|chen,
aber: das Pa|ket
das **Pa|pier**, die Pa|pie|re
die **Pap|pe**, die Pap|pen
**pas|sen**, er (es) passt,
auf|pas|sen
**pas|sie|ren**, es pas|siert,
es pas|sier|te
das **Pferd**, die Pfer|de

**pflan|zen**, du (er) pflanzt,
die Pflan|ze,
das Pflanz|loch
**pfle|gen**, du pflegst,
sie pflegt, die Pfle|ge
**pflü|cken**, du pflückst,
er pflückt
die **Pfüt|ze**, die Pfüt|zen
der **Pilz**, die Pil|ze
der **Plan**, die Plä|ne
der **Platz**, die Plät|ze
die **Po|li|zei**
der **Po|li|zist**, die Po|li|zis|ten
die **Po|li|zis|tin**,
die Po|li|zis|tin|nen
das **Prä|di|kat** (Satzaussage)
**prü|fen**, du prüfst,
sie prüft, die Prü|fung
der **Punkt**, die Punk|te,
pünkt|lich
die **Pup|pe**, die Pup|pen
**put|zen**, du (er) putzt
die **Py|ra|mi|de**,
die Py|ra|mi|den

## Qu qu

der **Qua|der**, die Qua|der
das **Qua|drat**, die Qua|dra|te
die **Qual|le**, die Qual|len
der **Quark**, die Quark|tor|te
die **Quel|le**, die Quel|len,
quel|len
**quer**, über|que|ren
der **Quirl**, die Quir|le, quir|len

## R r

das **Rad**, die Rä|der,
das Fahr|rad
der **Ra|dier|gum|mi**
das **Ra|dio**, die Ra|dios
der **Raum**, die Räu|me,
räu|men
**rech|nen**, du rech|nest,
er rech|net, er rech|ne|te,
die Rech|nung

rechts, die rech|te Sei|te,
das Recht|eck

das **Re|gal**, die Re|ga|le

der **Re|gen**, es reg|net

das **Reh**, die Re|he,
das Reh|kitz

die **Rei|he**, die Rei|hen

die **Rei|se**, rei|sen,
du (er) reist, er reis|te

**rei|ßen**, du (sie) reißt,
sie riss, ge|ris|sen, der Riss

der **Re|kor|der**, die Re|kor|der

**ren|nen**, du rennst,
er rennt, du rann|test,
er rann|te, ge|rannt,
das Ren|nen,
der Renn|fah|rer

**re|pa|rie|ren**,
du re|pa|rierst,
sie re|pa|riert,
sie re|pa|rier|te,
die Re|pa|ra|tur

**rich|tig**, rich|tig rech|nen

**rie|chen**, ich rie|che,
du riechst, er riecht,
er roch

das **Rind**, die Rin|der

der **Ring**, die Rin|ge

der **Riss**, die Ris|se, ris|sig

der **Rock**, die Rö|cke

**rol|len**, du rollst, er rollt,
die Rol|le, der Rol|ler,
rol|lern

**rot**, ein ro|ter Ball

der **Rü|cken**, die Rü|cken

**rück|wärts**

**ru|fen**, du rufst, er rief

**rund**, run|der,
am run|des|ten

# S s

der **Saal**, die Sä|le

die **Sa|che**, die Sa|chen

der **Saft**, die Säf|te, saf|tig

das **Salz**, sal|zen, sal|zig

**sam|meln**, du sam|melst,
er sam|melt,
du sam|mel|test,
er sam|mel|te,
der Samm|ler,
die Samm|lung

der **Sand**, die San|de, san|dig,
der Sand|stein

**satt**, ich esse mich satt

der **Satz**, die Sät|ze

**sau|er**, sau|re He|rin|ge

die **Scha|blo|ne**,
die Scha|blo|nen

**schaf|fen**, du schaffst,
sie schafft, der Schaff|ner

der **Schal|ter**, die Schal|ter,
schal|ten, du schal|test,
er schal|tet, er schal|te|te

das **Schar|nier**,
die Schar|nie|re

**schau|en**, du schaust,
er schaut

die **Schau|kel**, die Schau|keln

**schei|nen**,
die Son|ne scheint,
sie schien, ge|schie|nen

**schen|ken**, du schenkst,
er schenkt,
das Ge|schenk

die **Sche|re**, die Sche|ren

der **Scherz**, die Scher|ze,
scher|zen, er scherzt,
du scherzt, er scherz|te

**schi|cken**, du schickst

**schie|ben**, du schiebst,
er schiebt, er schob,
ge|scho|ben

das **Schiff**, die Schif|fe,
der Schif|fer

das **Schild**, die Schil|der

**schimp|fen**, du schimpfst,
er schimpf|te

**schla|fen**, du schläfst,
sie schläft, sie schlief,
der Schlaf

**schla|gen**, du schlägst,
er schlägt, er schlug,
der Schlag

**schlecht**, schlech|ter,
am schlech|tes|ten

**schlie|ßen**,
du (er) schließt, er schloss,
ge|schlos|sen

**schlimm**, schlim|mer,
am schlimms|ten

der **Schlit|ten**, die Schlit|ten

**schlit|tern**, du schlit|terst,
sie schlit|tert,
sie schlit|ter|te

der **Schlitt|schuh**,
die Schlitt|schu|he

der **Schlüs|sel**, die Schlüs|sel

**schmal**, schma|ler,
am schmals|ten

**schme|cken**, es schmeckt,
es schmeck|te,
ge|schmeckt

der **Schmerz**, die Schmer|zen,
es schmerzt, es schmerz|te

**schmü|cken**,
du schmückst,
er schmückt,
du schmück|test,
er schmück|te,
der Schmuck

der **Schmutz**, schmut|zig,
be|schmut|zen

der **Schnee**, der Schnee|mann

**schnei|den**, du schnei|dest,
sie schnei|det, du schnittst,
sie schnitt, ge|schnit|ten,
der Schnitt

**schnei|en**, es schneit,
es schnei|te, ge|schneit

**schnell**, schnel|ler,
am schnells|ten

**schon**

der **Schrank**, die Schrän|ke

**schrei|ben**, du schreibst,
er schreibt, du schriebst,
er schrieb, ge|schrie|ben,
der Schrei|ber

**schrei|en**, du schreist,
sie schreit, du schriest,
sie schrie, ge|schrien,
der Schrei

die **Schrift**, die Schrif|ten
der **Schuh**, die Schu|he
die **Schür|ze**, die Schür|zen
die **Schüs|sel**, die Schüs|seln
   **schüt|teln**, du schüt|telst,
   er schüt|telt,
   du schüt|tel|test,
   er schüt|tel|te
   **schwach**, schwä|cher,
   am schwächs|ten
der **Schwanz**, die Schwän|ze
   **schwarz**, schwar|zer Tee
das **Schwein**, die Schwei|ne
   **schwer**, schwe|rer,
   am schwers|ten
die **Schwes|ter**,
   die Schwes|tern
   **schwie|rig**, schwie|ri|ger,
   am schwie|rigs|ten
   **schwim|men**,
   du schwimmst,
   sie schwimmt,
   sie schwamm,
   ge|schwom|men,
   der Schwim|mer
   **sechs**
der **See**, die Se|en; die See:
   die Ost|see, die Nord|see
   **se|hen**, du siehst, er sieht,
   du sahst, er sah, ge|se|hen
   **sehr**, sehr gut
   **sein**, ich bin, du bist,
   er ist, wir sind, ihr seid,
   sie sind, du warst,
   er war, ge|wesen
   **sei|ne**, sei|ner
   **seit**, seit gestern
   **selbst**, sel|ber,
   am sel|ben Tag
   **sen|den**, du sen|dest,
   sie sen|det, sie sand|te/
   sen|de|te, ge|sandt/
   ge|sen|det, die Sen|dung,
   der Sen|der, der Ab|sen|der
der **Sep|tem|ber**
der **Ses|sel**, die Ses|sel
   **set|zen**, du setzt dich,
   er setzt sich

**sich**
**sie**
**sie|ben**
**sind**, al|le sind da
**sin|gen**, du singst,
   sie singt, sie sang,
   ge|sun|gen
**sit|zen**, du (er) sitzt,
   er saß, ge|ses|sen, der Sitz
die **Skiz|ze**, die Skiz|zen
**so**
die **So|cke**, die So|cken
**so|fort**
**sol|len**, du sollst, sie soll,
   sie soll|te
der **Som|mer**, som|mer|lich
der **Sonn|abend**, sonn|abends
die **Son|ne**, sich son|nen,
   son|nig
der **Sonn|tag**, sonn|tags
   **sor|tie|ren**, du sor|tierst,
   er sor|tiert, er sor|tier|te
   **spa|ren**, du sparst,
   sie spart
der **Spaß**, die Spä|ße, spa|ßig
   **spät**, spä|ter, spä|tes|tens
   **spa|zie|ren**, du spa|zierst,
   er spa|ziert,
   er geht spa|zie|ren,
   der Spa|zier|gang
der **Specht**, die Spech|te
   **sper|ren**, du sperrst,
   er sperrt, die Sper|re
das **Spiel**, die Spie|le, spie|len,
   du spielst, sie spielt
   **spitz**, spit|zer,
   am spit|zes|ten, die Spit|ze,
   den Stift spit|zen
   **spre|chen**, du sprichst,
   er spricht, er sprach,
   ge|spro|chen,
   der Spre|cher
   **sprin|gen**, du springst,
   sie springt, sie sprang
der **Sprin|ger**, die Sprin|ger
   **sprit|zen**, du (er) spritzt,
   ge|spritzt, die Sprit|ze
der **Sprung**, die Sprün|ge

   **sprü|hen**, ich sprü|he,
   du sprühst, er sprüht,
   der Sprü|her
   **spü|len**, du spülst,
   sie spült, sie spül|te,
   die Spü|le
die **Stadt**, die Städ|te
der **Stall**, die Stäl|le
der **Stamm**, die Stäm|me
   **stark**, stär|ker,
   am stärks|ten
der **Staub**, stau|big
   **ste|cken**, du steckst,
   er steckt, er steck|te,
   der Ste|cker
   **ste|hen**, du stehst,
   sie steht, sie stand,
   ge|stan|den
der **Stein**, die Stei|ne, stei|nig
   **stel|len**, du stellst,
   er stellt, er stell|te,
   die Stel|le
der **Stern**, die Ster|ne
der **Stiel**, die Stie|le,
   der Be|sen|stiel
der **Stift**, die Stif|te
   **still**, ein stil|les Haus
der **Stock**, die Stö|cke
   **sto|ßen**, du (er) stößt,
   er stieß, ge|sto|ßen,
   der Stoß
der **Strahl**, die Strah|len
die **Stra|ße**, die Stra|ßen
die **Stre|cke**, die Stre|cken
   **streu|en**, du streust,
   sie streut, sie streu|te,
   ge|streut
das **Stück**, die Stü|cke
der **Stuhl**, die Stüh|le
die **Stun|de**, die Stun|den
   **stür|zen**, du (er) stürzt,
   der Sturz
   **stüt|zen**, ich stüt|ze,
   du stützt, sie stützt,
   die Stüt|ze
das **Subs|tan|tiv**
   (Namenwort/Nomen)
das **Sub|jekt** (Satzgegenstand)

die **Sub|trak|ti|on**,
sub|tra|hie|ren
**sum|men**, du summst,
er summt, er summ|te
die **Sup|pe**, die Sup|pen
**süß**, sü|ßer, am sü|ßes|ten

# T t

die **Ta|fel**, die Ta|feln
der **Tag**, die Ta|ge
die **Tan|ne**, die Tan|nen
die **Tan|te**, die Tan|ten
**tan|zen**, du (er) tanzt
der **Tanz**, die Tän|ze, der
Tän|zer, die Tän|ze|rin
die **Tas|se**, die Tas|sen
der **Tee**
der **Teer**, die Teer|stra|ße
der **Tel|ler**, die Tel|ler
das **The|ater**, die The|ater
**tief**, tie|fer, am tiefs|ten,
die Tie|fe
das **Tier**, die Tie|re
der **Tisch**, die Ti|sche
der **Topf**, die Töp|fe
**tra|gen**, du trägst,
du trugst, sie trug,
ge|tra|gen, der Trä|ger
das **Tra|pez**, die Tra|pe|ze
der **Traum**, die Träu|me
**trau|rig**, trau|ri|ger,
am trau|rigs|ten
**tref|fen**, ich tref|fe,
du triffst, er trifft,
du trafst, er traf,
ge|trof|fen, der Tref|fer
**tren|nen**, du trennst,
sie trennt, sie trenn|te,
die Tren|nung
die **Trep|pe**, die Trep|pen
**tre|ten**, ich tre|te,
du trittst, er tritt, er trat,
ge|tre|ten; Tre|tet ein!
**trin|ken**, du trinkst,
sie trinkt, sie trank,
ge|trun|ken

**tro|cken**,
die Tro|cken|heit
**trock|nen**, du trock|nest,
er trock|net, er trock|ne|te
**trotz|dem**
das **Tuch**, die Tü|cher
**tüch|tig**, tüch|ti|ger,
am tüch|tigs|ten
**tun**, ich tue, du tust, er tut,
er tat, ge|tan,
eine gu|te Tat
**tur|nen**, du turnst,
er turnt, ge|turnt
die **Tü|te**, die Tü|ten

# U u

**üben**, du übst, ge|übt,
die Übung
**über**
die **Uhr**, die Uh|ren, Uhr|zeit
**um**
**und**
**uns**, un|ser,
un|se|re Klas|se
**un|ten**, un|ter
der **Ur|wald**, die Ur|zeit

# V v

**ver|ges|sen**, du (er)
ver|gisst, er ver|gaß;
Ver|gesst! Ver|giss!
der **Ver|kehr**,
die Ver|kehrs|teil|neh|mer
**ver|lie|ren**, du ver|lierst,
sie ver|liert, sie ver|lor,
ver|lo|ren
**ver|ra|ten**, du ver|rätst,
er ver|rät, er ver|riet,
der Ver|rä|ter
**ver|rei|sen**,
du (sie) ver|reist
das **Vieh**
**viel**, mehr, am meis|ten
**viel|leicht**
**viel|mals**
**vier**, das Vier|eck, vier|zig

der **Vo|gel**, die Vö|gel
das **Volk**, die Völ|ker,
das Volks|lied
**voll**, ein vol|ler Schrank
**vom**
**von**
**vor**, vor|bei,
er ging vor|bei, vor|her,
vor|her fra|gen, vo|rü|ber
**vorn**, vorn sit|zen

# W w

**wa|chen**, du wachst,
er wacht, er wach|te,
der Wäch|ter
die **Wahl**, die Wah|len,
der Wäh|ler, wäh|len,
du wählst, er wählt
**wahr**, die Wahr|heit
der **Wald**, die Wäl|der
die **Wand**, die Wän|de
**wan|dern**, du wan|derst,
sie wan|dert,
sie wan|der|te,
die Wan|de|rung
**wann**: Wann kommst du?
die **Wan|ne**, die Wan|nen
**war** (Grundform: sein)
**warm**, wär|mer,
am wärms|ten
die **Wär|me**, wär|men
**war|ten**, du war|test,
er war|te|te
**was**
**wa|schen**, du wäschst,
sie wäscht, sie wusch,
die Wä|sche
das **Was|ser**, wäss|rig
**we|cken**, du weckst,
er weckt, der We|cker
der **Weg**, die We|ge
**weg**, weg|brin|gen
**we|hen**, der Wind weht
**weich**, wei|cher,
am weichs|ten
**Weih|nach|ten**,
der Weih|nachts|baum

weiß, weißes Haar
weit, wei|ter,
am wei|tes|ten, die Wei|te
wel|che, wel|cher, wel|ches
we|nig, we|ni|ge, we|ni|ger
wenn
wer|den, ich wer|de,
du wirst, er wird,
ihr wer|det, du wur|dest,
er wur|de, wir wur|den,
ihr wur|det, ge|wor|den
wer|fen, du wirfst,
sie wirft, sie warf,
ge|wor|fen, der Wurf

das **Werk**, die Wer|ke,
der Werk|stoff,
das Werk|zeug,
das Werk|stück

das **Wet**|ter
wie
wie|der, er kommt wie|der

die **Wie**|se, die Wie|sen
wild, wil|der,
am wil|des|ten

das **Wild**|schwein,
die Wild|schwei|ne

der **Wind**, die Win|de, win|dig

der **Win**|kel, die Win|kel

der **Win**|ter, win|ter|lich
wir
wi|schen, du wischst,
er wischt
wis|sen, du weißt,
sie weiß, ihr wisst,
sie wuss|te, ge|wusst
wit|tern, ich wit|te|re,
er wit|tert, er wit|ter|te,
die Wit|te|rung
wo

die **Wo**|che, die Wo|chen
woh|nen, du wohnst,
sie wohnt, die Woh|nung

die **Wol**|ke, die Wol|ken,
wol|kig

die **Wol**|le, wol|lig
wol|len, du willst, er will,
du woll|test, er woll|te,
ge|wollt

das **Wort**, die Wor|te,
die Wör|ter
wüh|len, du wühlst,
er wühlt
wün|schen, du wünschst,
er wünscht, der Wunsch

der **Wür**|fel, die Wür|fel

die **Wurst**, die Würs|te

die **Wur**|zel, die Wur|zeln

# X x

das **Xy**|lo|phon,
die Xy|lo|pho|ne

# Y y

das **Yp**|si|lon

# Z z

die **Zahl**, die Zah|len, zah|len
zäh|len, du zählst,
er zählt, er zähl|te

der **Zahn**, die Zäh|ne

der **Zaun**, die Zäu|ne
zehn
zeich|nen, du zeich|nest,
sie zeich|net,
sie zeich|ne|te,
der Zeich|ner,
die Zeich|nung
zei|gen, du zeigst,
er zeigt, der Zei|ger

die **Zeit**, die Zei|ten,
die Uhr|zeit

die **Zei**|tung, die Zei|tun|gen
zie|hen, du ziehst,
sie zieht, du zogst,
sie zog, ge|zo|gen

das **Ziel**, die Zie|le
zie|len, du zielst, er zielt
ziem|lich

das **Zim**|mer, die Zim|mer
zit|tern, ich zit|te|re,
du zit|terst, er zit|tert,
er zit|ter|te

der **Zoo**, die Zoos

der **Zu**|cker
zu
zu|erst, er war zu|erst da

der **Zug**, die Zü|ge
zu|letzt
zum, zur
zu|rück, er kommt zu|rück
zu|sam|men,
zu|sam|men verreisen
zwei

der **Zweig**, die Zwei|ge

der **Zwerg**, die Zwer|ge

die **Zwie**|bel, die Zwie|beln
zwi|schen

der **Zy**|lin|der, die Zy|lin|der

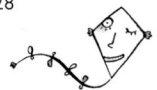

| Sprache und Sprachgebrauch untersuchen | Rechtschreiben | Projekte/ fächerübergreifende Ideen |
|---|---|---|
| Wiederholung: Substantiv (Groß-schreibung, Begleiter); Abstrakta kennen lernen; Artikelfähigkeit als ein Kriterium für Substantive erkennen; Großschreibung am Satzanfang/ bei Substantiven anwenden; Satzgrenzen erkennen (8); zusammengesetzte Substantive: Bestimmungswort/ Grundwort kennen lernen (9) | Alphabet festigen; spielerisch mit den Wortarten Substantiv, Verb und Adjektiv umgehen (10/11); Nutzen alphabetischer Ordnung an einem Beispiel erklären (12); sich im Wörterbuch orientieren (Tipp); Wörter mit Umlauten nachschlagen (Tipp) (12); Wörter nach dem 2. und 3. Buchstaben ordnen (Tipp) (13); **b und g in der Wortmitte und am Wortende:** Verlängerungsstrategie (Mehrzahl/Grundform bilden) wiederholen; Verlängerungsstrategie bei Adjektiven kennen lernen; Wörter nachschlagen; Sätze mit „selbst" bilden; zusammengesetzte Substantive bilden; Übungstext (14/15) | Geheimschriften entwickeln; Klassenregeln vereinbaren; Alphabet spielerisch üben; Nachschlagewettbewerb veranstalten |
| Wiederholung: Wortart Verb (18); Wiederholung: Satzarten/Satzschluss-zeichen; gebeugte Form/Personalform, Grundform/Nennform (19); Wieder-holung: Adjektive; zusammengesetzte Substantive bilden; Satzarten erkennen; gebeugte Form/Personalform, Grundform/Nennform bilden; Verbformen im Imperativ anbahnen (Tipp) (23) | Großschreibung am Satzanfang/bei Substantiven anwenden (18); Umgang mit der Wörterkiste: Wortarten kenn-zeichnen, schwierige Stellen markieren (Tipp); verwandte Wörter aufschreiben (24); weitere Übungsmöglichkeiten mit der Wörterkiste kennen lernen (25); **d in der Wortmitte und am Wortende:** Verlängerungs-strategie anwenden; Satzarten erkennen; Reimwörter/ verwandte Wörter finden; zusammengesetzte Substantive bilden; Wörter alphabetisch ordnen; Berichtigungs-möglichkeiten kennen lernen (Tipp); Übungstext (26/27) | Apfelfest planen, vorbereiten und feiern: Rezeptbücher anlegen, Rezepte ausprobieren, mit Äpfeln basteln, Apfelspiele ausdenken; Windräder basteln und erproben; Lektüre: Rainer Kirsch: „Der Wind ist aus Luft" |
| Zeitstufen im Text erfahren; Zeitformen des Verbs kennen lernen: Präsens/Präteritum (30); Personalpronomen als Ersatz für Substantive kennen lernen und anwenden (31) | **Wörter mit ch:** Plural bilden; Wörter im Sinnzusammenhang üben; Text in das Präteritum übertragen (36); **Wörter mit sch:** Adjektive passend zuordnen; Wörter in Sinnzusammen-hängen verwenden; Partnerdiktat (37) | Zeichnungen zu Steckbriefen anfertigen; Pantomime (Ideenkarten); Lektüre: Frauke Nahrgang: „Lene und Peter packen aus" |
| Präsens/Präteritum: starke/unregelmäßig konjugierte Verben; konjugierte Verben nachschlagen (42) | **Wörter mit ng und nk:** ng/nk markieren; zusammengesetzte Substantive bilden; Wörter trennen; Verben zusammensetzen/ableiten; verwandte Wörter finden; Zeitformen bilden (Präteritum); Wörter mit ng/nk im Sinnzusammenhang verwenden; Lauf- oder Partnerdiktat (45) | Märchenprojekt: Märchen aufführen (Theater spielen); Märchenfiguren aus Kartoffeln für ein Puppenspiel basteln; Märchen umschreiben; Märchen erraten |
| Satzglieder kennen lernen: Umstellprobe (48); verwürfelte Satzglieder (Bastel-anleitung) ordnen (49); die vier Fälle anbahnen; unterschiedliche Begriffe für das Weihnachtsfest klären (50); zweiteilige Verbformen kennen lernen (Hilfsverb) (52); Zeitformen (Präteritum) bilden und im Satz anwenden; Verben zusammensetzen/ableiten (53) | **doppelte Mitlaute:** lange/kurze Vokale voneinander unterscheiden; Wörter mit doppelten Konsonanten ordnen; Geheimschrift entschlusseln; Text in das Präteritum übertragen; Wörter mit doppeltem Konsonant trennen; zusammengesetzte Substantive bilden; Laufdiktat- oder Partnerdiktat (54/55); verwandte Wörter finden; gebeugte Form/Personalform bilden; Satzglieder einsetzen; Aussagesätze schreiben; Rätsel lösen; Fragediktat kennen lernen (Anbahnung von Rechtschreibgesprächen) (Tipp) (56/57) | Weihnachtsgeschenke basteln (z.B. eine Schmuckdose); Weihnachts- und Silvesterbräuche verschiedener Länder erkunden und vorstellen; Faschingsmasken herstellen |
| Prädikat kennen lernen (62); Prädikat durch Frageprobe ermitteln (63); bestimmte und unbestimmte Numeralien kennen lernen (64); Substantive aus Verben ableiten (65) | **Wörter mit ck:** auf kurzen Vokal vor ck achten; Wörter mit ck trennen; Plural bilden; Wortfamilien einander zuordnen; zusammengesetzte Substantive bilden, Wörter mit ck im Sinnzusammenhang verwenden; Wörter nachschlagen; Geheimschrift (66/67); **Wörter mit tz:** auf kurzen Vokal vor tz achten; Reimwörter finden; Zungenbrecher sprechen; verwandte Wörter finden; verwürfelte Substantive richtig aufschreiben; Wörter mit tz trennen; Lauf- oder Partnerdiktat (68/69) | Möhrensalat oder andere gesunde Rezepte ausprobieren; Bewegungsprogramm für eine Woche ausdenken; Lieblingssportarten vorstellen; Brieffreundschaften knüpfen; Lektüre: Christiane Nöstlinger: „Liebe Susi, lieber Paul" |
| Zeitformen des Verbs ordnen (72); zusammengesetzte Substantive bilden und erklären (73); wörtliche Rede kennen lernen: Begleitsatz/Zeichensetzung; Vorfeldarbeit (74); Zeichensetzung der wörtlichen Rede üben (75) | **Wörter mit pf:** Singular/Plural bilden; verwandte Wörter finden; Aussagesätze/Fragesätze formulieren; zusammengesetzte Substantive bilden (76); **t in der Wortmitte und am Wortende:** Gegensatzpaare finden; Zeichensetzung der wörtlichen Rede uben; Lauf- oder Partnerdiktat (77) | Interview durchführen; Poesiealbum (Freundschafts-, Erinnerungsbuch) anlegen; Ausstellung „Früher" planen und gestalten; nachforschen, welche Geschichten es zu den Ausstellungs-stücken gibt; einen Werbekatalog für die Zukunft erstellen |

| Kapitel | Sprechen und Zuhören | Schreiben/Texte verfassen |
|---|---|---|
| **Im Frühling**<br>Seite 79–88  | Bild und Gedicht als Erzählanlass nutzen: Frühling mit allen Sinnen (79); zu einer Bildfolge erzählen (80) | Sätze mit Vergleichsstufen ausdenken und dazu malen (81); eine Anleitung schreiben und besprechen (83) |
| **Der Natur auf der Spur**<br>Seite 89–96  | Bild und Gedicht als Erzählanlass nutzen: Umweltprojekte (89); Textarten vergleichen (90); Gedicht als Gesprächsimpuls; Informationen einholen, mitteilen und auswerten (91) | Informationen aus einem Text entnehmen und als Stichpunkte aufschreiben (90); eine Geschichte weitererzählen (91); ein Gedicht oder einen Text zur Naturwahrnehmung schreiben (96) |
| **Wusstest du schon?**<br>Seite 97–104  | Bild und Gedicht als Erzählanlass nutzen: Computer (97); Vorwissen austauschen (98) | einen eigenen Text am Computer erstellen und gestalten (101) |
| **Mit Tieren leben**<br>Seite 105–112  | Bild und Gedicht als Erzählanlass nutzen: Bauernhof (105); einen Vortrag über ein Lieblingstier halten (Tipp) (106) | Stichpunkte zu einem Text notieren; Vortrag über ein Lieblingstier vorbereiten (Tipp) (106) Suchanzeige prüfen und überarbeiten; eine eigene Suchanzeige schreiben (108); Tierreime ausdenken (110) |
| **Bücher, Bücher …**<br>Seite 113–120  | Bild und Gedicht als Erzählanlass nutzen: Entstehung eines Buches (113); sich über Kriterien zur Buchauswahl austauschen (115); Buchvorstellung planen (120) | Informationen aus einem Sachtext entnehmen; Textabschnitte Bildern zuordnen und Überschriften für Teilabschnitte finden (114); Buchprojekt: Fantasietiere erfinden und gestalten; Fantasiegeschichten schreiben und gestalten; eine Handlungsanleitung geordnet aufschreiben (116/117) |
| **Im Sommer**<br>Seite 121–128  | Bild und Gedicht als Erzählanlass nutzen: Ferienpläne (121); eine Tabelle interpretieren (122); über Ferienwünsche sprechen (125) | Akrostichon schreiben (122); einer Bildfolge Sätze in der richtigen Reihenfolge zuordnen; eine Geschichte weiterschreiben und eine Überschrift finden (124); Ferienwunschprogramm aufschreiben (125) |
| **Bist du fit?**<br>Seite 129–137  | | Wiederholung: Beschreiben (130); Wiederholung: Geschichten schreiben (136) |

Regelmäßig wiederkehrende Anforderungen wie die Arbeit mit der Wörterkiste und dem Wörterbuch, das Lesen und Verstehen von Arbeitsanweisungen sowie die Arbeit mit den Sammelwörtern sind in der tabellarischen Übersicht nicht enthalten.

| Sprache und Sprachgebrauch untersuchen | Rechtschreiben | Projekte/ fächerübergreifende Ideen |
|---|---|---|
| Vergleichswörter so – wie/als kennen lernen (80); Steigerungsstufen von Adjektiven kennen lernen (81); Verben im Satz als Prädikat einsetzen; Wortschatzübung (82); Prädikate in einem Satz erkennen (83) | **Wörter mit Sp/sp und St/st:** Sätze bilden; Plural bilden; zusammengesetzte Substantive bilden; verwandte Wörter finden; aus Silben Wörter zusammensetzen; Verben zusammensetzen; Wortbedeutung zur richtigen Schreibung nutzen; Dosendiktat kennen lernen (84/85) **Wörter mit lk, nk, rk und lz, nz, rz:** Wörter in Sinnzusammenhängen verwenden; zusammengesetzte Substantive bilden; Geheimschrift entschlüsseln; verwandte Wörter finden (86) **Wörter mit h am Ende des Wortstammes:** Singular und Plural bilden; Verben im Satz verwenden; Reimwörter finden; zusammengesetzte Substantive bilden; Dosendiktat kennen lernen (Tipp) (87) | sich über Vögel im Winter informieren; Osterbräuche in der eigenen Heimat und in anderen Ländern erkunden und vorstellen; gemeinsam Osterbasteleien herstellen |
| Subjekt kennen lernen (Frageprobe); Wer-oder-Was-Fragen formulieren (92); Satzkern kennen lernen; Übereinstimmung von Subjekt und Prädikat erfahren (93) | **Wörter mit ä und äu:** Strategie der Wortverwandtschaft wiederholen; Singular und Plural bilden; Reimwörter finden; gebeugte Form/Personalform bilden; Steigerungsstufen der Adjektive ergänzen; mit -chen und -lein verkleinern; richtige Schreibung begründen; Fehlertext (94/95) | ein kleines Naturprojekt planen, ausführen und darüber berichten; ein Natur-Quiz erstellen; Natur mit allen Sinnen wahrnehmen; Naturbilder malen oder fotografieren; Natur- materialien sammeln und ausstellen |
| zusammengesetzte/abgeleitete Verben im Satz verwenden; zweiteilige Prädikate kennen lernen (Modalverben) (99) | **Wörter mit hl, hm, hn, hr:** Rätsel lösen; verwandte Wörter finden; zusammengesetzte Substantive bilden; Adjektive passend zuordnen; Wortbedeutung zur richtigen Schreibung nutzen; Personalpronomen verwenden; Fragediktat (102/103) | elementare Bedienhandlung am Computer kennen lernen; Anlegen einer Wissenskartei: eigene Karten herstellen, vorhandene Quizfragen sammeln und nutzen |
| allrichtiges Sprechen und Schreiben anbahnen (107); aus verwürfelten Satzgliedern Sätze bilden; Satzkerne aufschreiben; Subjekte erfragen (109) | Kommasetzung bei Aufzählungen anbahnen (Tipp); Zeichensetzung der wörtlichen Rede üben (107); **Wörter mit ie und ieh:** Rätsel lösen; Reimwörter finden; verwandte Wörter finden; Verben passend zuordnen; Substantive aus Verben ableiten; verwürfelte Sätze richtig schreiben; Adjektive passend zuordnen; Fragediktat (110/111) | Tierwitze sammeln; eigene verwürfelte Tiersätze ausdenken; Tierspiele: Tierreime ausdenken, Tier-Legespiel basteln |
| Verben ableiten und zusammensetzen; zusammengesetzte Substantive bilden (115) | **Wörter mit ß:** verwandte Wörter suchen; Wortarten ordnen; Verben ableiten; zusammengesetzte Substantive bilden; Gegensatzpaare finden (118); **Wörter mit ss und ß:** Wörter nach langem/kurzem Vokal ordnen; Regel anbahnen; Zeitformen der Verben bilden; Würfeldiktat (119) | Buchprojekt: eigenes Buch herstellen und vorstellen; Bild-Collage zu Fantasietieren erstellen; Fantasietiere samt ihrer Umwelt basteln |
| abgeleitete Adjektive mit den Suffixen -ig und -lich kennen lernen (122); abgeleitete Substantive und Adjektive verwenden; Adjektive passend einsetzen (123) | **Wörter mit aa, ee, oo:** Reime verfassen; zusammengesetzte Substantive bilden; Wortbedeutung zur richtigen Schreibung nutzen; eigene Regel verfassen (126); **abgeleitete Wörter richtig schreiben:** Adjektive auf -ig und -lich bilden; Wortbedeutung zur richtigen Schreibung nutzen | Ferienplan aufstellen; Ferientipps geben; Geräuschgeschichten ausdenken und vorführen |
| Wiederholung: Adjektive (131); Wiederholung: Verben (132); Wiederholung: Satzglieder (134); Wiederholung: Fachbegriffe (137) | Wiederholung: Wörtliche Rede (133); Wiederholung: Rechtschreibstrategien (135) | |

## Textquellen

**S. 5** Lindemann, Werner: Die Schule macht die Türen auf (gek.). In: Die Schule macht die Türen auf. Berlin: Kinderbuchverlag 1976

**S. 17** Borchers, Elisabeth: Es kommt eine Zeit („September"; gek.). In: Großer Ozean. Hrsg. von H.-J. Gelberg. Weinheim und Basel: Beltz & Gelberg 2000 (Programm Beltz & Gelberg)

**S. 18** Kirsch, Rainer: Der Wind ist aus Luft (gek.). In: Der Wind ist aus Luft. Ein Kinderbuch mit Versen. Berlin: Der Kinderbuchverlag 1984

**S. 28** Bamberger, Richard: Apfelmüsli/„Frühstücksmüsli" (gek.). In: Lesebuch für die 2. Schulstufe. Wien: Österreichischer Bundesverlag 1988

**S. 29** Petri, Walther: Sehnsucht (geänd.). In: Großer Ozean. Hrsg. von H.-J. Gelberg. Weinheim und Basel: Beltz & Gelberg 2000 (Programm Beltz & Gelberg)

**S. 31** Nahrgang, Frauke: Nichts für Papas (geänd.). In: Lene und Peter packen aus. München: Deutscher Taschenbuch Verlag 1994

**S. 33** Korschunow, Irina: Als ich einmal nach der Schule im Park war („Jerzy aus Polen", gek. und geänd.). In: Leselöwen-Stadtgeschichten. Bindlach: Loewes Verlag 1989

**S. 38** Redestab, Ideenkarten: nach einer Idee von Gisela Walter. In: Kinder spielen Theater. Niedernhausen/Ts.: Falken 1993

**S. 39** Krenzer, Rolf: Esel, Katze, Hahn und Hund. © by Rolf Krenzer, Dillenburg

**S. 40** Der Hase und der Igel (geänd.). In: Kinder- und Hausmärchen der Brüder Grimm. Berlin: Der Kinderbuchverlag 1963

**S. 59** Krenzer, Rolf: Einen guten Freund zu finden. Rechte beim Autor.

**S. 60** Hanisch, Hanna: Ich könnte platzen („Meine zweimal geplatzte Haut", gek.). In: Überall und neben dir. Hrsg. von Hans-Joachim Gelberg. Weinheim und Basel: Beltz & Gelberg 1989 (Programm Beltz & Gelberg)

**S. 69** Schwarz, Regina: Der Bleistift mag den Spitzer nicht („Keine Freundschaft"). In: Großer Ozean. Hrsg. von Hans-Joachim Gelberg. Weinheim und Basel: Beltz & Gelberg 2000 (Programm Beltz & Gelberg)

**S. 70** Nöstlinger, Christine: Lieber Paul (gek. und geänd.). Liebe Susanne (gek. und geänd.). In: Liebe Susi! Lieber Paul! Wien: Dachs Verlag 1984

**S. 71** Stempel, Hans/Ripkens, Martin: Was die Großen nicht mehr lieben („Rumpelkammer", gek.). In: Purzelbaum. Verse für Kinder. München: Heinrich Ellermann 1972

**S. 88** Stiep, stiep, Osterei. Ich bring dir eine Osterrut' (gek.). In: Nicht nur zur Osterzeit. Hrsg. von Gudrun Bull. München: Deutscher Taschenbuch Verlag 1999

**S. 89** Bydlinski, Georg: Auf dem sonnenwarmen Asphalt („Die Krötenstraße", gek.). In: Die bunte Brücke: Reime, Rätsel und Gedichte. Freiburg: Herder Verlag 1992

**S. 91** Ehrhardt, Monika: So mancher Baum. In: Mimmelitt, das Stadtkaninchen. Geschichtenlieder von Reinhard Lakomy und Monika Ehrhardt. Leipzig: LeiV Leipziger Kinderbuchverlag 1998

**S. 96** Könner, Alfred: Wer mäuschenstill am Bache sitzt (gek.). In: Das leise Gedicht. Berlin: Altberliner Verlag 1971

**S. 96** Hacks, Peter: Wiese, grüne Wiese (gek.). In: Der Flohmarkt. Berlin: Der Kinderbuchverlag 1976

**S. 97** Manz, Hans: Die Mutter erzählte („Betthupferl"). In: Großer Ozean. Hrsg. von Hans-Joachim Gelberg. Weinheim und Basel: Beltz & Gelberg 2000 (Programm Beltz & Gelberg)

**S. 102** Heinrich, Karin: Was geht ohne Füße? Wer hört alles? In: Kinder, kommt und ratet. Rätselsammlung für den Schulhort. Berlin: Verlag Volk und Wissen 1984

**S. 105** Auer, Martin: Ich hatte einen Traum. In: Überall und neben dir. Hrsg. von Hans-Joachim Gelberg. Weinheim und Basel: Beltz & Gelberg 1989 (Programm Beltz & Gelberg)

**S. 113** Zeuch, Christa: Lesen heißt auf Wolken liegen (gek.). In: Halli-hallo, Herr Flunkerfloh. Würzburg: Arena Verlag 1992

**S. 121** Borchers, Elisabeth: Im Sommer möchte ich eine Möwe sein („Februar", gek.). In: Großer Ozean. Hrsg. von H.-J. Gelberg. Weinheim und Basel: Beltz & Gelberg 2000 (Programm Beltz & Gelberg)

## Bildquellen

**S. 10** Barlo Fotografie Tobias Schneider, Berlin (Leporello)

**S. 18** Aus: Der Wind ist aus Luft. Ill. von Carl Hoffmann. Berlin: Der Kinderbuchverlag 1984

**S. 52** Cornelsen Verlagsarchiv (Glückwunschkarte)

**S. 70** Christine Nöstlinger/Christiana Nöstlinger: Liebe Susi! lieber Paul! dtv junior, München (Cover)

**S. 72** Museum für Kommunikation Frankfurt am Main (Postkutsche)

**S. 73** Foto Deutsches Museum, München/Bildarchiv: Fahrrad von Karl Drais; Peter Wirtz, Dormagen (Kinderfahrrad); www.restpostenserver.de/Werkfoto (Inline-Skate); varion images, Bonn (Skateboard)

**S. 75** Barlo Fotografie Tobias Schneider, Berlin (Poesiealbum)

**S. 78** Aus: Claus-Peter Grosse, Verliebt Verlobt Verheiratet. Ahrenhövel Verlag Berlin, 1986 (Anzeige)

**S. 82** Erich Kuch, Hohebach (Osterbrunnen)

**S. 83** Aus: Das große Geschenke- und Bastelbuch. Naumann & Göbel o.J. (oben); Cornelsen Verlagsarchiv/Domowina (sorbische Ostereier)

**S. 88** Barlo Fotografie Tobias Schneider, Berlin (oben); Das Waleien, Ill. von Martin Nowak-Neumann

**S. 90** Bildarchiv Erich Hoyer/Duty Galenbeck (Krötenaktion)

**S. 91** Senat von Berlin/Stadt- und Freiraumplanung/I/Ref.I C (Stadtbaum)

**S. 91** dieKleinert Bildarchiv, München/Matthias Dietze (Eiche)

**S. 93** NaturBild Harald Lange, Bad Lausick (Storch)

**S. 104** Thienemann Verlag Stuttgart/Augsburger Puppenkiste (Marionettenköpfe); Cornelsen Verlagsarchiv (Bildkarten)

**S. 108** NaturBild Harald Lange, Bad Lausick (Wellensittich)

**S. 114** KHM Wien (Mönch); Cornelsen Verlagsarchiv (Gutenberg); Druckerei Joh. Burlage, Münster (moderne Druckerei)